AF493397

COLLECTION DE TEXTES

POUR SERVIR A L'ÉTUDE ET A L'ENSEIGNEMENT DE L'HISTOIRE

VIE DE BOUCHARD

LE VÉNÉRABLE

COMTE DE VENDOME, DE CORBEIL, DE MELUN ET DE PARIS

(X[e] ET XIe SIÈCLES)

PAR

EUDES DE SAINT-MAUR

Publiée avec une introduction

PAR

CHARLES BOUREL DE LA RONCIÈRE

ARCHIVISTE PALÉOGRAPHE

PARIS
ALPHONSE PICARD ET FILS, ÉDITEURS
Libraires des Archives nationales et de la Société de l'École des Chartes
82, RUE BONAPARTE, 82
1892

VIE DE BOUCHARD

LE VÉNÉRABLE

CHARTRES. — IMPRIMERIE DURAND, RUE FULBERT

VIE DE BOUCHARD

LE VÉNÉRABLE

COMTE DE VENDOME, DE CORBEIL, DE MELUN ET DE PARIS

(X[e] ET XIe SIÈCLES)

PAR

EUDES DE SAINT-MAUR

Publiée avec une introduction

PAR

CHARLES BOUREL DE LA RONCIÈRE

ARCHIVISTE PALÉOGRAPHE

PARIS

ALPHONSE PICARD ET FILS, ÉDITEURS

Libraires des Archives nationales et de la Société de l'Ecole des Chartes

82, RUE BONAPARTE, 82

1892

INTRODUCTION

La *Vita Burcardi* est la biographie d'un grand vassal, grand officier, conseiller et ami intime de Hugues Capet et de Robert le Pieux. A cette époque agitée et obscure où la féodalité s'organise, où une nouvelle dynastie remplace les Carolingiens sur le trône, l'histoire d'un confident des rois de France, la politique d'un comte de Vendôme, de Corbeil, de Melun et de Paris doit présenter un grand intérêt.

Malheureusement son biographe, Eudes de Saint-Maur-les-Fossés, écrivait en 1058, et Bouchard le Vénérable était mort cinquante ans plus tôt. Durant l'intervalle, bien des faits étaient tombés dans l'oubli. Pour donner une idée des lacunes laissées par Eudes et des confusions qu'il a commises, il faut nécessairement tenter de reconstituer l'histoire de la vie du comte Bouchard à l'aide des chartes et des chroniques contemporaines.

La *Vita Burcardi* n'en a pas moins une réelle valeur. Mais, pour l'apprécier, il importait de déterminer l'autorité d'Eudes de Saint-Maur, les sources auxquelles il a puisé, les ouvrages dérivés de la *Vita;* il fallait en établir le texte d'après les meilleurs manuscrits, faire en un mot une édition critique.

Tel est le travail que j'ai entrepris sur les bienveillantes indications de M. Giry, au cours des conférences qu'il dirige à l'Ecole des Hautes-Etudes; il me permettra de le remercier ici des conseils qu'il m'a prodigués.

I. — BOUCHARD LE VÉNÉRABLE

COMTE DE VENDÔME, DE CORBEIL, DE MELUN ET DE PARIS.

Au xe siècle apparaît un Comté de Vendôme dont le titulaire s'appelle Bouchard, *Burchardus, Barcardus, Buchardus*. Sur l'origine du comté, sur la famille du seigneur, les chroniques et les actes contemporains restent muets. Les historiens, frappés du rôle considérable qu'avait joué Bouchard (II), dit le Vénérable, ont cherché à résoudre le double problème

Au xviie siècle, ils crurent avoir trouvé : le Vendômois n'était qu'un démembrement du comté d'Anjou, un apanage donné par Foulques le Bon au second des fils qu'il avait eus de Gerberge, à Bouchard le Vénérable. Cette théorie accréditée par Mabillon a été universellement admise jusqu'à nos jours[1]. — Malheureusement elle ne résiste pas à la critique : Vendôme faisait partie du pays chartrain et non de l'Anjou. La filiation prétendue entre Foulques le Bon et Bouchard n'est constatée ni dans la plus ancienne généalogie de la maison de Vendôme (vers 1032)[2], ni par les généalogistes postérieurs des Ingelgériens, Foulques le Rechin (vers 1062)[3], et l'auteur des *Gesta consulum Andegavensium* (xiie s.)[4]. Bien plus, elle doit être rejetée pour ce fait que la fille de Bouchard épousa un petit-fils de Foulques le Bon ; les deux conjoints ne pouvaient être cousins germains ou même parents, sans quoi le mariage eût été empêché par l'Eglise.

---

1. Mabillon, *Annales ordinis S. Benedicti*, t. IV (1707), 57. — *Art de vérifier les dates* (3e éd.) II, (1781), 809. — *Historiens des Gaules et de la France*. X (1760), 350, note 1. — L. Aubineau, *Notice sur Thibault le Tricheur*, dans les *Mém. de la Soc. archéol. de Touraine*, III (1847), 69, note 3. — D'Arbois de Jubainville, *Hist. des ducs et comtes de Champagne* (1859), I, 195. — Etc.

2. Cartulaire de la Trinité de Vendôme, acte XIII, copié dans la collection Dom Housseau, II 6, 416. (Voir sur ce cartulaire : G. Rigollot, *Etude sur le cartul. inédit de Vendôme*, dans le *Bull. de la Soc. archéol. du Vendômois*, XIX (1880), 120-130.)

3. Marchegay et Salmon, *Chroniques des comtes d'Anjou*. Paris, 1856, in-8, 365.

4. *Ibid.*, 34.

L'assertion de Mabillon ne repose du reste que sur l'autorité de deux chartes d'une fausseté évidente, dont les originaux passaient pour être à la Tour de Londres : une pseudo-donation faite par Foulques le Bon et consentie par ses fils, entre autres par Bouchard (957) ; une pseudo-donation de Vendôme, Lavardin et Montoire « que j'avais reçus, dit Bouchard, de mon père Foulques [1] » (989).

Mabille [2] et M. de Pétigny [3] ont fait bonne justice de l'opinion admise par tous les auteurs. L'origine du comté de Vendôme retombait dans l'obscurité ; M. de Pétigny, à l'aide de documents nouveaux, essaya de faire jaillir la lumière [4]. Les seigneurs de Vendôme et de Beaugency, dit-il, sont parents : l'enchevêtrement de leurs possessions, leurs relations communes avec la Belgique le prouvent ; au xe siècle, la sœur de Landry Soré épousa Bouchard, — lisez Bouchard Ier, « Ratapilata », ou Bouchard Ier Chauve-Souris. Or les sires de Beaugency descendent d'un *missus dominicus* belge que Charles le Chauve envoya en 853 dans le pays chartrain pour organiser la défense

---

1. Dom Housseau, *Collection de chartes... relatives à l'Anjou et à la Touraine*, I, actes 178 et 243, copies. La rédaction de ces faux est pitoyable : sans invocation, sans exposé, sans clauses finales, rédigés dans le palais du roi et sans l'intervention du chancelier, les deux actes n'offrent qu'une sèche généalogie ; et quelle généalogie ? La femme de Bouchard, Elisabeth, y est appelée Isabelle ; sa fille, nommée également Elisabeth, devient Adèle ; Adèle était la fille et non la femme de Foulques Nerra, etc. M. de Pétigny (*Hist. archéolog. du Vendômois*. Vendôme, 1849, in-4°, p. 124) pense que ces faux ont été fabriqués à Londres au XIIIe siècle pour appuyer les prétentions des Plantagenets, comtes d'Anjou et rois d'Angleterre, sur le Vendômois. Ils sont peut-être plus récents ; il les faut rapprocher de deux autres actes (Dom Housseau, *Collection*, actes 240 et 400, copies) extraits aussi de la Tour de Londres à la même époque (XVIIe siècle). Toutes les pièces émanent du même faussaire qui essaie maladroitement de rattacher les Bouchard de Montmorency aux comtes d'Anjou par l'intermédiaire des Bouchard de Vendôme ; A. Duchesne (*Hist. généalog. de la maison de Montmorency*. Paris, 1624, in-f°) ne parle pas de cette parenté ; c'est le duc d'Epernon le premier qui a attribué à Geoffroy Grisegonelle, comte d'Anjou, la paternité de Bouchard le Barbu, père de Bouchard de Montmorency (Mabille, Introduction à l'édition des *Chroniques des églises d'Anjou*, LXXII) et les faux semblent fabriqués pour appuyer son affirmation.

2. Mabille, Introduction aux *Chroniques des comtes d'Anjou* (éd. Marchegay et Salmon). Paris, 1871, in-8, LXV-LXVI.

3. De Pétigny, *Hist. archéolog. du Vendômois*, 122-124.

4. *Ibid.*, 124-132.

contre les Normands ; Landry Sore, son fils Lancelin, etc., garderont le titre de *missus dominicus*. Donc leurs parents, les comtes de Vendôme, descendent aussi du *missus* belge de 853, — de Hrodulfus, puisque c'était le seul laïc des trois envoyés [1], — et leurs terres ne sont qu'une portion du *missaticum* primitif.

L'ingénieux syllogisme de M. de Pétigny pèche par la base : l'alliance des deux maisons au xe siècle infirme toute communauté d'origine remontant à la fin du ixe siècle ; Bouchard Ier Chauve-Souris et la sœur de Landry Sore n'auraient pu se marier s'ils avaient eu le même aïeul, Hrodulfus. D'autre part, une femme ne pouvait hériter d'un fief lorsqu'elle avait un frère ; la sœur de Landry n'a point apporté le comté de Vendôme à son mari. Le premier comte de Vendôme a été sans doute, comme les fondateurs des grands fiefs voisins, comme Ingon, comme Ingelger [2], quelque soldat de fortune que distingua le roi ou le duc de France.

Deux chartes de Saint-Martin de Tours du 22 mars 891 et du 5 juillet 905 [3] portent la souscription d'un « Burchardus comes vel graphio » ; nul doute qu'il ne s'agisse de l'un des comtes de Vendôme, car l'abbaye de Saint-Martin fut toujours en relations avec eux : c'est probablement Bouchard Ier Chauve-Souris, le père de notre héros, de Bouchard II le Petit-Vieux (*Vetulus*) ou le Vénérable [4]. Bouchard Ier se rendait souvent à la cour du duc de France ; en mai 930 il était à Bourges [5], en mai 942 il se trouvait à Fontaines en Orléanais près de Hugues le Grand [6] ; il fit élever son fils à la cour de ce grand seigneur [7], avec le futur roi Hugues Capet : il mourut vers le milieu du xe siècle [8].

---

1. Pertz, *Monum. Germaniae historica*, *Leges*, I, 426.
2. Ingon, palefrenier du roi Eudes, premier comte de Blois (Richer, *Histoire de son temps*, éd. Guadet, I. 9-11, 24-31). Ingelger, fils de Tertulle, petit-fils de Torquat, forestier d'Anjou, premier comte d'Anjou (A. de Salles, *Hist. de Foulques Nerra*, 1).
3. *Armoires de Baluze*, t. 76, f°s 59 et 92. — Mabille, *La pancarte noire de St-Martin de Tours*, 180 et 183.
4. Abbé Simon, *Histoire de Vendôme*. Vendôme, 1837, in-8°, 1 et 2.
5. Dom Housseau, *Collection*..... *Anjou-Touraine*, I, pièce 160, copie.
6. Idem, I, pièce 171, copie : — publiée dans Mabillon, *Annales ordinis S. Benedicti*, III, 709.
7. *Vita Burcardi*, infrà, 4, note 1.
8. Il ne souscrit pas à l'acte ci-dessous, tandis que son fils *Burchardus miles*, y souscrit.

Bouchard II, qui souscrit comme chevalier à deux actes de 949 à 956[1], succéda à son père. Le comté occupait alors une longue bande de terrain, bornée par le Loir depuis Fréteval et même Cloyes au nord-est jusqu'à Montoire et Artins à l'ouest ; il s'étendait au sud jusqu'à Marolles et Herbault ; à l'ouest il débordait le Loir et s'adossait par Fortan et Montmarin à la Braye. Un acte fort important du cartulaire de la Trinité de Vendôme permet de préciser les possessions de Bouchard II, ses coutumes, c'est-à-dire les services et redevances auxquels il avait droit, son administration[2]. Le comte habitait le château de Vendôme, *vetus castellum*, est-il dit en 1032 environ[3] ; il avait autour de lui un certain nombre d'officiers: chancelier, chambrier, bouteiller, connétable[4], des chevaliers, des sergents[5], qui constituaient la *camera comitis*. Pendant deux mois, avril et mai, la *camera* devait assurer le service du guet dans le château; les trois mois suivants, l'estage était dû par la ville, et les sept autres mois par les vassaux.

Chaque nuit, cinq guetteurs devaient veiller ensemble : l'un dans le châtelet qui commandait la grande porte, l'autre au-dessus de la poterne, le troisième dans la courtine ; les deux derniers faisaient la ronde autour du château.

Un certain nombre de villes ou villages, Vendôme, Selommes, Villejumarts, Villefrancœur, Cloyes, relevaient directement du comte, *reddunt omnem consuetudinem*. Bouchard II s'était réservé à Nourray un parc, une charrue et une grange ; il s'était réservé également la forêt dite du Châtelain, les combres ou pêcheries du Loir depuis Villemouble jusqu'à Varennes, la faculté

1. Donations de Rainfroy à Notre-Dame de Chartres : 954-960 suivant Guérard. *Cartul. de S. Père de Chartres*, I, 351 et suiv., 949-950, selon Merlet, *Cartul. de Notre-Dame de Chartres*, 84. Hugues le Grand († 956) y est nommé.

2. Voir ci-après l'*Appendice*, p. 33-38, et s'y reporter pour l'identification des noms de lieux et l'explication des termes de droit féodal. — Le comté de Vendôme correspondait à peu près à l'arrondissement actuel de Vendôme.

3. *Appendice*, 35. Un nouveau château avait été bâti par Foulques Nerra.

4. Arch. Nat., K 18, n° 23. Tardif, *Mon. hist.*, *Cartons des rois*, p. 155, n° 247. Souscriptions à un acte donné par Bouchard le 1er mai 1006.

5. Arch. Nat., K 18, n° 93. *Ibid.*, p. 160, n° 253. Bouchard confirme une donation de Hardouin, « meus *serviens* », dit Bouchard.

de pêcher une nuit dans le Loir depuis Fréteval jusqu'à Thoré, enfin le droit de vendre son vin avant ses vassaux. Dans le reste du Vendômois, la coutume variait, ou du moins le comte n'en possédait qu'une partie, tantôt la commande, les droits sur le pain et la viande, tantôt le tensement, le cens, tantôt le vinage ; mais, partout il avait la viguerie, les droits de justice ou à tout le moins de haute justice. Des viguiers[1] et peut-être des prévôts[2] étaient chargés de l'administration locale, un vicomte[3] avait le commandement des vassaux en l'absence du suzerain.

Peu après son avènement, en 959 ou 960, Bouchard II trouva l'occasion d'agrandir son patrimoine. L'évêque du Mans, Sigefroi de Bellême, avait été chassé de son siège par Hugues, comte du Maine[4] ; ayant perdu son protecteur, Foulques le Bon, comte d'Anjou († 11 nov. 958), Sigefroi de Bellême implora le secours du sire de Vendôme, lui promettant en retour une partie de la manse épiscopale. Bouchard accepta, leva ses vassaux et déclara la guerre à Hugues du Maine : bientôt après, un traité mit fin à la lutte. Sigefroi fut rétabli sur son siège et donna à son défenseur la basse vallée du Loir depuis Les Roches jusqu'à La Chartre, soit la forêt de Gâtines et soixante quatre églises, Poncé, Ruillé, etc.[5], qui formèrent le Bas-Vendômois.

Mais la fortune croissante de Bouchard II aura désormais pour témoin un autre théâtre, si bien que quelques historiens ont oublié que notre comte possédait le Vendômois[6]. Hugues Capet attira près de lui son ancien condisciple et compagnon d'enfance. Le

---

1. Dom Housseau, *Collection.. Anjou-Touraine*, I, 221. « Signum Adraldi *vicarii*... ».
2. Cf. « Ainonus *praepositus* » dans la *Vita Burcardi*, infra, 23.
3. *Appendice*, 34.
4. La date de cet événement est discutée : Sigefroi succéda à Ménard grâce à l'appui de Foulques le Bon, par conséquent avant le 11 nov. 958 ; Hugues du Maine était hostile au nouvel évêque et dut profiter de la mort de Foulques pour chasser l'intrus. Dom Paul Piolin (*Hist. de l'église du Mans*, III, 9) place en 960 la guerre de Hugues et de Bouchard. — M. de Pétigny (*Hist. du Vendômois*, 152) prétend que le comte de Vendôme était alors Bouchard I Chauve-Souris : mais il est impossible que le comte nommé en 891 ait encore pu commander ses vassaux en 960.
5. *Actus episcoporum Cenomannensium*, dans les *Histor. des Gaules et de la France*, X, 384.
6. Ch. d'Auteuil, *Histoire des ministres d'Etat*. Paris, 1669, in-12, I, 53-65, — etc.

comte de Corbeil, Aymon, venait de mourir au cours d'un pèlerinage à Rome ; il laissait deux enfants en bas âge, Thibaut et Albert, et une veuve jeune encore, Élisabeth ; le duc de France, usant de ses prérogatives de suzerain, donna la veuve et le comté à Bouchard ; il lui confia de plus la garde de Melun[1]. Le mariage d'Élisabeth et du comte de Vendôme n'est guère postérieur à 960, car leur fils Renaud sera chancelier de France en 980[2]. Par Corbeil et par Melun, Bouchard commandait la navigation de la haute Seine, les arrivages de vivres à Paris ; dans chacune des deux villes il avait un lieutenant, un vicomte[3], auquel il déléguait son pouvoir durant ses nombreuses absences.

Comme vassal et comme ami, il fréquentait la cour de Hugues Capet ; nous avons des preuves de sa présence à la cour ducale, en mars 987 à Saint-Denis[4], le 7 février 973 à Orléans[5], et enfin entre 978 et 983[6]. Rarement il retourna dans le Vendômois : le 1er sept. 976, il semble s'y être trouvé avec son fils Renaud[7].

En 980, il accompagna Hugues Capet dans une expédition contre le comte de Flandre, Arnoul le Jeune. Après la prise de Montreuil-sur-Mer, Arnoul dut restituer les reliques de saint Valery et de saint Riquier qu'il détenait injustement à Saint-Bertin : Bouchard et Orland, vicomte de Vimeu, chargés de la châsse d'argent qui renfermait les reliques, se dirigèrent vers Saint-Valery ; arrivés à l'embouchure de la Somme, ils se virent couper la route des grèves par le flux ; mais les chroniques

---

1. *Art de vérifier les dates*, II, 640, col. 1.
2. V. *infra*, p. XIV.
3. Arch. Nat., K 18, n° 23. Tardif, *Mon. hist.*, p. 155, n° 237 : deux vicomtes, celui de Melun et sans doute celui de Corbeil, souscrivent à l'acte de Bouchard.
4. Ch. de Grandmaison, *Fragments de chartes du Xe siècle provenant de S.-Julien de Tours*, dans la *Bibl. de l'École des Chartes*, XLVII (1886), 229.
5. Dom Housseau, *Collection.... Touraine-Anjou*, I, acte 173, copie.
6. Ch. de Grandmaison, *ibidem*, 245-246, acte sans date de lieu.
7. Dom Housseau, *Collection.... Touraine-Anjou*, I, acte 221 copie, d'après le Cartulaire de la Chambrerie de Marmoutiers, f° 43. Bouchard confirme la donation de terres sises à Membrolles (Loir-et-Cher, arr. Blois, canton Ouzouer-le-Marché), faite par son fidèle Ardouin à Benoît et Isemberge (1er sept. 976).

ajouter[1] que les flots s'entr'ouvrirent devant les corps des saints et de leurs porteurs[1] (2-3 juin 980).

Quelques mois après, Hugues Capet part pour l'Italie ; deux conseillers d'une prudence consommée l'accompagnent, Arnoul évêque d'Orléans et Bouchard de Corbeil ; le duc de France, sur le conseil de ses vassaux, va trouver l'empereur Otton pour le détacher de l'alliance conclue à Margut[2] avec le roi Lothaire. La petite troupe arrive à Rome en mars 981 ; Hugues a une entrevue avec Otton ; le 1er avril, il obtient du pape Benoît VII une bulle confirmant les réformes introduites en 980 à l'abbaye de Saint-Valery-sur-Somme, puis il repart. Malgré les embûches dressées sur la route par le roi Lothaire[3], le duché de France fut atteint sans encombres, et nous retrouvons Bouchard aux côtés de son suzerain au château de Senlis (981)[4].

Quelques années plus tard, la fille du comte Bouchard, Elisabeth, épousa le futur comte d'Anjou, Foulques Nerra. Selon toute vraisemblance, le mariage eut lieu en 985, car cette année-là, en août, Bouchard se trouvait à Angers avec Geoffroi Grisegonnelle et Foulques Nerra[5], et cinq ans après Foulques se plaindra de n'avoir pas encore de fils[6]. Ce mariage était dicté par des raisons politiques ; il scellait l'alliance des comtes de Vendôme et d'Anjou unis en face de leur puissant ennemi Eudes de Blois[7].

Le 3 juillet 987 Hugues Capet ceignait la couronne royale. Les guerres qu'il allait être forcé de soutenir contre son compétiteur et contre ses sujets rebelles, devaient entraîner le nouveau roi en dehors du duché de France ; il importait à Hugues d'avoir

---

1. F. Lot, *Les derniers Carolingiens, Lothaire, Louis V, Charles de Lorraine* (954-991). Paris, 1891, p. 117 (fasc. 87 de la *Bibl. de l'Ecole des Hautes Etudes*).
2. Margut-sur-Chiers, Ardennes, arr. Sedan, 9 kil. S. E. de Carignan.
3. F. Lot, *Ibidem*, 122 et suiv.
4. *Ibidem*, 402-404, pièce justif. 4.
5. M. de Pétigny, *Hist. archéol. du Vendômois*, 148, note 1 : d'après une charte de donation à Marmoutiers, donnée à Angers en présence de Geoffroi, Foulques et Bouchard.
6. Charte de donation à Marmoutiers publ. dans : Mabillon, *Annales ordinis S. Benedicti*, IV, 59.— Marchegay, *Archives d'Anjou*, II, 60.
7. A. de Salies, *Hist. de Foulques Nerra, comte d'Anjou*. Paris, 1874, in-12, 110.

un lieutenant fidèle et expérimenté qui pût le remplacer soit dans l'administration du Parisis, soit à la tête de l'armée. Le roi songea à son ami Bouchard. Le comte de Corbeil *fut nommé comte royal* de Paris, « comes regalis[1] » ; sous ce titre, il était non pas vassal, mais officier[2]. C'est du reste le premier et le dernier seigneur auquel un roi ait conféré, non seulement son autorité sur la capitale, mais encore son titre féodal, titre effacé sans doute, mais subsistant virtuellement sous la dignité royale : après Bouchard, il n'y aura plus que des vicomtes de Paris.

Selon Dom Bouquet, Bouchard aurait aussi été grand sénéchal de France ; il aurait succédé en cette qualité à « son frère Geoffroi Grisegonnelle[3] ». Dom Bouquet s'appuie malheureusement ici sur un ouvrage sans valeur, le traité *De majoratu et senescalcia Franciae*[4], et sur une charte fausse de 989 qui porte en effet : « *Burchardus... senescallus Franciae*[5] ». Mais aucune chronique contemporaine, aucun acte authentique ne donne les noms des sénéchaux de la couronne, sous Hugues Capet et Robert le Pieux. En fait, Bouchard exerça les fonctions de grand sénéchal, fonctions domestiques près du roi[6], fonctions publiques, commandement des troupes[7], conclusion de la paix[8]. Il devait en avoir les prérogatives, ce qui excita contre lui la haine du comte de Blois ; le plus souvent il souscrivait les diplômes après le roi et la reine. Bref il forme, pour ainsi parler, transition

---

1. *Vita Burcardi*, p. 6.
2. *Art de vérifier les dates*, II, 809. — Communication de M. de Bouillé dans le *Cabinet historique*, XV (2e partie), 126. Le rôle de Bouchard y est bien compris ; il est assimilé au rôle d'un vicomte.
3. *Historiens des Gaules et de la France*, X, 350, note e. Les mots « inquit Mabillonius » couvrent l'affirmation des éditeurs de la *Vita*, en ce qui concerne seulement le titre de comte de Paris.
4. *Scriptum Huonis de Cleeriis de majoratu et senescalcia Franciae comitibus Andegavorum collatis*, dans Salmon et Marchegay, *Chroniques d'Anjou*, 387-394. Cf. Introduction à ces *Chroniques* par Mabille, XLVIII.
5. Dom Housseau, *Collection.... Anjou-Touraine*, I, acte 243. — V. *supra*, p. VII, note 1.
6. *Vita Burcardi*, p. 29. Bouchard, un cierge à la main, éclairait les pas du roi.
7. *Ibidem*, p. 29. « Lorsque je me trouvais, dit-il, à la tête des troupes... »
8. *Ibidem*, p. 25. Cependant cette attribution est douteuse, car la paix placée vers 999, sous Robert, doit être rapportée à 980.

entre l'ancien comte du Palais et le sénéchal futur. Le grand officier ecclésiastique était le fils de Bouchard, Renaud, nommé chancelier avant le 20 juin 989[1].

A l'instar de Hugues Capet, le comte de Paris consolida son pouvoir en s'appuyant sur le clergé. Nommé avoué de l'abbaye royale de Saint-Maur-les-Fossés[2], il en confia la direction au célèbre propagateur de la réforme Clunisienne, saint Mayeul, et à quelques autres religieux qu'il prit soin d'aller chercher lui-même en Bourgogne.

L'ancien abbé des Fossés, Ménard, fut relégué au prieuré de Glanfeuil[3] ou Saint-Maur-sur-Loire. Il méritait cette disgrâce par son administration coupable ; il avait laissé les champs en friche, si bien que saint Mayeul dut solliciter du roi la donation du village de Maisons pour subvenir aux besoins les plus pressants (20 juin 989)[4].

En juin 991, le comte de Paris assiste au concile de Saint-Basle à Reims : Arnoul, archevêque de Reims, était jugé par ses pairs sous l'inculpation de trahison ; il avait soutenu son neveu Charles de Lorraine contre Hugues Capet. Il refusait de s'avouer indigne du sacerdoce et répondait à l'accusation ces seuls mots : « Vous l'avez dit ». Bouchard, voyant le faux-fuyant d'Arnoul, s'écrie : « Qu'il parle ouvertement, qu'il avoue devant tous, et qu'il n'aille pas dire ensuite : les évêques m'ont chargé des crimes qu'ils ont voulu, moi je n'ai rien dit[5] ». Arnoul, évêque d'Orléans, dut rassurer la conscience timorée du comte. Peut-être Bouchard n'était-il que le porte-parole de Hugues Capet qui avait intérêt à obtenir les aveux du traître? La nomination de Renaud comme évêque de Paris (mars-novembre 991)[6] serait la récompense de cette interpellation.

Depuis la réforme de Saint-Maur, Bouchard avait conservé des

---

1. *Vita Burcardi*, p. 12.
2. *Ibidem*, p. 9.
3. *Ibidem*, p. 11.
4. *Ibidem*, p. 12. Au IXe siècle, Maisons appartenait à Saint-Germain-des-Prés (B. Guérard, *Polypt. de l'abbé Irminon*, I, 886).
5. *Acta synodi Sancti Basoli* dans *Histor. des Gaules et de la France*, X, 530.
6. F. Lot, *A-t-il existé un évêque de Paris du nom de Girbertus ?* dans la *Bibl. de l'École des Chartes*, LII (1891), 672.

relations d'amitié avec saint Mayeul. Il était à Cluny en 990 lorsque le saint abbé résigna ses fonctions entre les mains d'Odilon[1]. En 993[2], et peut-être en 994, il accompagnait Hugues Capet à Souvigny où saint Mayeul était mort le 11 mai 994 et où reposait son corps[3].

Plus il avançait en âge, plus il tournait ses regards vers les monastères. Dans chacun de ses comtés, Bouchard préleva une sorte de dîme pour enrichir quelque abbaye du voisinage. A Marmoutiers, donation de la chapelle de Saint-Ouen près de Tours (991-1006)[4], de *Gilliacus, Maniacus* et *Levirs* dans le Blésois (Paris, 15 mars 995)[5]. A Saint-Guénaud près de Corbeil, donation de Mondeville et confirmation des dons faits par Milsant, par le sergent Hardouin, par le comte Aymon et par son veneur Aleman, de *Ancium, Bulreil,* Courcouronnes et Ballancourt (après 991)[6]. A Melun, Saint-Père, relevé par l'archevêque de Sens, Séguin, obtenait par l'entremise de Bouchard une immunité royale (Paris, 1003)[7]. Dans le Parisis, Saint-Magloire, l'ancienne collégiale de Saint-Barthélemy transformée par Hugues Capet en un monastère, obtenait deux diplômes que le comte de Paris souscrit immédiatement après le roi (Paris, 997 et 1003-1006)[8]. Saint-Maur-les-Fossés était doté par son avoué du village de Neuilly et de plusieurs biens sis à Noisy-le-Sec, Lisses, Courceaux et Sceaux (Paris, 10 avril 998)[9]. Saint-Valery-

---

1. Mabillon, *Acta sanctorum ordinis S. Benedicti*, saec. V, 781.
2. *Libri duo miracula sancti Maioli* dans *Histor. des Gaules et de la France*, X, 363 : et *ibidem*, X, 565.
3. Mabillon, *Acta sanctorum ord. S. Ben.*, saecul. V, 781. Souvigny, Allier, arr. Moulins, chef-lieu de canton.
4. Dom Housseau, *Collection.... Anjou-Touraine*, I, 151 (D. Housseau date cet acte de 922 !) et II, 359 : le premier de ces actes est imprimé dans les *Historiens de France*, X, 584, à la date approximative de 1004.
5. Tardif, *Mon. Histor.*, *Cartons des rois*, nº 238, p. 150.
6. Tardif, *Mon. histor.*, *Cartons des rois*, nº 253, p. 160. Courcouronnes et Ballancourt, Seine-et-Oise, arr. et cant. Corbeil. Mondeville, Seine-et-Oise, arr. Étampes, cant. La Ferté-Alais.
7. *Historiens des Gaules et de la France*, X, 583.
8. F. Lot, *Les derniers Carolingiens*, 111. — Tardif, *Mon. Hist.*, *Cartons des rois*, nº 240, p. 150, diplôme (989 ou 997) faux selon M. de Lasteyrie, *Cartulaire général de Paris*, I, 100-101, note 2. — Pfister, *Études sur le règne de Robert le Pieux*, XLVIII, diplôme (1003-1006), fasc. 64 de la *Bibl. de l'Éc. des Hautes Études*.
9. *Vita Burcardi*, pp. 14-15 et les notes.

sur-Somme recevait à la même époque six manses de terre à Herlicourt, deux moulins à Abbeville et les trois villages de Here, Quend et Monchaux (Champien, 9 juin 998)[1]. Cette dernière donation fut faite au cours d'un voyage que Robert le Pieux et ses officiers entreprirent dans le Nord. Habituellement, comme le prouvent les dates ci-dessus, la cour ou tout au moins notre comte résidait à Paris, où il dirigeait par ses conseils le jeune roi.

En 999, on apprit tout à coup à la cour que le château de Melun était tombé au pouvoir du comte de Blois, Eudes II[2]. Le lieutenant de Bouchard, le vicomte Gautier, avait été circonvenu par un émissaire; il s'était laissé persuader que le jeune Eudes avait été évincé de ses droits héréditaires au profit d'un intrigant; bref il avait ouvert les portes. Le comte de Blois, en s'emparant de Melun, voulait assouvir sa haine contre Bouchard, un ennemi dont il enviait la haute situation. Mais le château de Melun appartenait au roi; Robert le Pieux leva immédiatement ses vassaux, manda les Normands et les Angevins, et bientôt deux armées, l'une normande, l'autre française, s'établirent sur les deux rives de la Seine, bloquant l'île où s'élevait la forteresse. Eudes abandonna les assiégés et s'enfuit; Richard II duc de Normandie, selon Guillaume de Jumièges, Foulques Nerra, selon les chroniqueurs angevins, donna l'assaut, la place fut prise. Le traître Gautier fut pendu près d'une porte du château de Melun et sa femme fut pendue par les pieds, les vêtements tombant le long du corps et laissant le corps nu, châtiment terrible qui a frappé l'imagination des contemporains[3].

---

1. Tardif, *Mon. Hist., Cartons des Rois*, n° 215, p. 152. Bouchard tenait ces terres du chef de sa mère, selon M. de Péligny : Herlicourt, Pas-de-Calais, arr. et cant. Saint-Pol. Abbeville, Somme, chef-lieu d'arr. Quend, Somme, arr. Abbeville, cant. Rue. Monchaux, Somme, comm. Quend. Champien, Somme, arr. Montdidier, cant. Roye.

2. Tous les chroniqueurs placent cet événement en 999 et l'attribuent à Eudes II : Richer seul croit qu'il s'agit d'Eudes Ier et raconte le fait en 991. (D'Arbois de Jubainville, *L'historien Richer et le Siège de Melun en 999*, dans la *Bibl. de l'École des Chartes*, XX, 393-398).

3. Guillaume de Jumièges, Orderic Vital, Hugues de Fleury, les Chroniques de St-Pierre-le-Vif de Sens, de St-Denis etc... relatent le châtiment de Gautier et de sa femme (*Historiens des Gaules et de la France*, X, 189, 256, 220, 222, 305...)

La lutte n'était pas terminée : Eudes II rassemblait une armée ; Robert le Pieux, obligé de réprimer une insurrection à Laon, laissa Bouchard seul en face de l'ennemi. Le comte de Paris se hâta de gagner des alliés, tels que le chevalier Ermenfroi, en lui donnant le village de Lisses, le comte de Châteaulandon, Geoffroi, auquel l'évêque de Paris Renaud céda deux villages de la mense épiscopale ; puis il marcha à la rencontre de son adversaire. A la bataille d'Orsay, l'armée du comte Eudes II fut couchée dans la plaine[1]. Bouchard, vainqueur, revint à Paris ; le 26 octobre (999), il y faisait confirmer par Robert le Pieux deux donations à Saint-Maur-les-Fossés[2].

L'année n'était pas achevée qu'il apprenait une effroyable nouvelle : peu avant Noël, sa fille Elisabeth avait été brûlée vive à Angers. Etait-ce dans un incendie arrivé par accident ? ou cet incendie avait-il été allumé par Foulques Nerra qui désirait se débarrasser de sa femme pour en prendre une autre[3] ? Les chroniques angevines les plus anciennes permettent les deux hypothèses. Selon les chroniques postérieures, la comtesse aurait été brûlée pour adultère[4], à la suite d'un siège d'Angers ; une légende se formait sur le thème primitif.

Ce malheur, la mort de ses vieux amis, Hugues Capet, Adélaïde, le poids des ans inspirèrent à Bouchard le désir de se retirer du monde. En 1005 pour la dernière fois, il parut aux côtés de Robert le Pieux aux sièges de Sens et d'Avallon (25 août[5]). Le 1er mai 1006, il exprimait à Corbeil ses dernières volontés. Cette sorte de testament fut l'objet d'une grande solennité : le fils de Bouchard, l'évêque Renaud, était arrivé de Paris avec l'un de ses archidiacres Aubry, en passant par Saint-Maur (30 avril[6]) ;

---

1. Pfister, *Etudes sur... Robert le Pieux*, p. 229, note 6. Lisses, Seine-et-Oise, arr. et cant. Corbeil. Orsay, Seine-et-Oise, arr. Versailles, cant. Palaiseau.
2. *Infra*, pp. XXVI et XXVIII.
3. Il épousa Hildegarde, sœur de Guillaume III de Poitiers, moins d'un an après. (A. de Salies, *Hist. de Foulques Nerra, comte d'Anjou*. Paris, 1874, in-12, 110.)
4. Marchegay et Salmon, *Chroniques des églises d'Anjou*, 22 et 187, — 260 et 273. — Pfister, *Etudes sur le règne de Robert le Pieux*, 225, note 1.
5. *Historiens des Gaules et de la France*, X, 585-586.
6. Tardif, *Mon. hist.*, *Cartons des Rois*, n° 248, p. 156 : Confirmation par Renaud de la donation d'une prébende dans l'église de Paris, faite par son prédécesseur Enée à l'abbaye de St-Maur.

Ansaud le Riche était venu de la même ville; les vicomtes de Melun et de Corbeil, les officiers du comte, chambrier, bouteiller, connétable, les vassaux, étaient présents. Le vieux comte déclara que tous ses vassaux pourraient faire des donations à l'abbaye des Fossés sans l'assentiment de leur seigneur, que les clercs de ses domaines ou les chanoines de son château ne pourraient se faire moines qu'aux Fossés; acte de l'autorisation fut dressé sur-le-champ et scellé du sceau de l'évêque de Paris[1]. La succession de Bouchard fut ouverte: Renaud hérita du Vendômois et du comté de Melun[2]; le comté de Corbeil passa à Mauger qui avait épousé la fille du comte Aymon de Corbeil, prédécesseur de Bouchard; le titre de comte de Paris fut supprimé[3]. Le partage était fait avant le 2 décembre 1006, car à cette date Renaud disposait de ses biens patrimoniaux du Gâtinais sans avoir besoin de l'assentiment de son père[4].

Entre mai et décembre 1006, Bouchard s'était retiré à Saint-Maur-les-Fossés, où son beau-fils Thibaut était abbé. Il avait apporté ses armes, sa vaisselle et s'était fait suivre d'un certain nombre de serviteurs et de servantes: une demeure lui avait été préparée près de l'église; il s'y logea. Atteint d'une grave maladie, il reçut les derniers sacrements et prit l'habit monastique *ad succurrendum*. La santé lui revint; il fit don de tous ses meubles à l'abbaye, congédia ses serviteurs et se mit à suivre la règle bénédictine comme simple novice, s'acquittant humblement de fonctions subalternes. Une maladie de langueur fit décliner ses forces, et il mourut le 4 des calendes de Mars (26 février)[5], en l'année 1007 suivant la *Chronique brève de Saint-Denis*[6], en

1. Tardif, *Mon. hist.*, *Cartons des Rois*, n° 247, p. 155-156. Bouchard n'avait pas de sceau.
2. M. de Pétigny, *Hist. archéol. du Vendômois*, 153. M. J. Tardif se trompe en faisant de l'évêque de Paris et du comte de Melun deux personnes distinctes (1014). (*Cartons des Rois*, n°s 254-255, p. 120-161).
3. M. de Pétigny, *ouv. cité*, 153.
4. Renaud donne aux chanoines de Notre-Dame de Paris Larchant en Gâtinais (Larchant, Seine-et-Marne, arr. Fontainebleau, cant. La Chapelle-la-Reine); Migne, *Patrologie latine*, t. 139, col. 1483-1484: bulle de Jean XVIII confirmant cette donation (2 déc. 1006.)
5. *Vita Burcardi*, pp. 1 et 29.
6. *Historiens des Gaules et de la France*, X, 297. « Anno MVII. Obiit Burcardus comes senior. »

1012 (27 février) selon Mabillon[1]. Mabillon n'indique pas la source où il a puisé ce renseignement; aucune chronique ne vient appuyer l'assertion du savant bénédictin : peut-être faut-il y voir la faute d'un copiste qui aura lu MXII au lieu de MVII.

L'enterrement du vénérable comte (*venerabilis comitis*[2]) se fit au milieu d'une affluence considérable; le fils du défunt, Renaud évêque de Paris, y assistait avec son clergé; ses anciens vassaux et serviteurs étaient arrivés aux Fossés, en pleurant leur seigneur et maître. Bouchard fut enseveli, une croix d'absolution sur la poitrine, dans le chœur de l'église, en face du crucifix. Son tombeau fut orné d'une épitaphe, dont Eudes nous a conservé le texte. Quelques mois après, Elisabeth venait rejoindre son mari dans la tombe : deux distiques furent gravés sur le « poliandrum » qui recouvrait ses restes. Cinquante ans plus tard, les sépultures étaient détruites; le biographe de Bouchard le Vénérable ne dit rien de plus[3].

Il est facile cependant d'expliquer la destruction des deux tombeaux : peu après la mort d'Elisabeth, l'église du monastère avait été reconstruite sur un plan plus vaste, mais au même endroit[4] : les corps qui reposaient sous les dalles du chœur durent être transportés ailleurs.

La seconde inhumation dut se faire dans quelque lieu sûr et caché, car les moines de Saint-Valery-sur-Somme convoitaient les restes du vénérable comte[5], leur bienfaiteur; et en fait de reliques la fin justifiant les moyens, on ne reculait pas devant le vol pour satisfaire sa piété[6]. Le secret gardé sur cet emplacement n'a été percé qu'au XIXe siècle.

En 1860, M. Leguay, exécutant des fouilles à Saint-Maur-les-Fossés dans les ruines de l'ancienne abbaye, découvrit une crypte du XIe siècle et dans cette crypte deux squelettes, un d'homme, un de femme, déposés là par suite d'une seconde inhu-

---

1. Mabillon, *Annales ordinis S. Benedicti*, IV, 215.
2. *Vita Burcardi*, pp. 1 et 32 : c'est l'origine de son surnom.
3. *Ibidem*, p. 30. Le mot *destructa* est peut-être impropre : les tombeaux étaient ouverts et vides.
4. *Ibidem*, p. 13, note 3.
5. *Ibidem*, p. 26.
6. Les reliques même de saint Valery avaient été l'objet d'un vol au Xe siècle (Lot, *Les derniers Carolingiens*, 116).

mation. Deux circonstances lui permirent d'attribuer ces restes à Bouchard et à Elisabeth : les ossements gisaient dans la crypte au-dessous du point de la chapelle haute où l'on voyait au XVIIIe siècle encore un mausolée de Bouchard ; au milieu des restes on trouva la croix d'absolution décrite par Eudes de Saint-Maur. Les crânes étaient sciés : aux XIe et XIIe siècles, c'était l'usage de scier ou de fendre le crâne des cadavres pour en extraire le cerveau qu'on embaumait à part[1].

L'anniversaire de la mort de Bouchard le Vénérable fut célébré dans de nombreux monastères : des obits avaient été fondés par lui à Saint-Valery[2], à Saint-Guénaud[3], à Notre-Dame de Paris[4], à Saint-Maur-les-Fossés[5]. Les moines de ces abbayes conservèrent longtemps le souvenir de leur bienfaiteur ; mais les religieux de Saint-Maur, mieux que tous autres, pouvaient retracer la vie de Bouchard le Vénérable.

II. — EUDES DE SAINT-MAUR

AUTEUR DE LA VITA BURCARDI

La biographie de Bouchard le Vénérable a été écrite par un moine de Saint-Maur-les-Fossés, appelé Odon[6] ou mieux Eudes[7].

Eudes naquit vers l'an 1000 dans le Parisis, à Saint-Maur-les-Fossés ou aux environs. Deux passages de la *Vita Burcardi* m'amènent à cette conclusion : racontant la mort et l'enterre-

---

1. A. de Salies, *Invention des restes de Bouchard*, dans le *Bulletin de la Société archéologique du Vendômois*, XIII, 318-327.
2. Par la donation de Herlicourt, etc. — (*Vita Burcardi*, p. 26).
3. Par la donation de Mondeville (Du Breul, *Supplementum antiquitat. Paris.*, 166).
4. Par la donation de Sucy-en-Brie (Seine-et-Oise, arr. Corbeil, cant. Boissy St-Léger). L'obit était encore célébré à Notre-Dame au XIIIe siècle (B. Guérard, *Cartulaire de Notre-Dame de Paris*, I, 330).
5. *Vita Burcardi*, p. 32.
6. Mabillon, *Annales ordinis S. Benedicti*, IV, 580. — *Histoire littéraire de la France*, VII, 493.
7. L. Delisle, *Le Cabinet des manuscrits de la Bibl. Nation.*, II, 75. — G. Monod, *Études sur l'histoire de Hugues Capet* (*Revue historique*, XXVIII (1885), 260). — A. Giry, *Études de critique diplomatique* (*Revue historique*, XLVIII (1892), 226).

ment du vieux comte, l'auteur prétend avoir vu *de ses yeux* la croix dorée que l'on plaça dans le cercueil du défunt : « ... atque « super pectus ejus crux deaurata cum litteris alfa et o superpo- « sita fuit, quam nos *quoque pueritię nostrę tempore oculis nos- « tris inspeximus*[1] ». Eudes vit donc cette croix en 1007 ou en 1012 au plus tard, alors qu'il était encore enfant : sa naissance doit être rapportée à dix ou douze années plus tôt, vers l'an 1000. Dans un autre passage, il qualifie Saint-Maur-les-Fossés de pays natal : « Cogor *nativum* relinquere *solum quo pueriliter,* ut Christo placitum fuit, *educatus sum*[2]. »

La dernière partie de la phrase nous révèle que Eudes fut envoyé dès son jeune âge à l'abbaye pour y faire ses études. Dans un poème en vers hexamètres connu par Mabillon[3] et perdu aujourd'hui, un écrivain du XIe siècle, Teudulfus ou Teulfus, breton d'origine, célèbre les louanges de l'école de Saint-Maur : parmi les disciples les plus brillants, figure un élève nommé Odo qui se fait remarquer par son caractère sérieux : je ne sais, dit Teulfus, si on doit le compter parmi les enfants ou parmi les jeunes gens. Mabillon identifie Odo avec notre auteur, avec Eudes[4], et il a raison.

Eudes, remarquons-le, ne parle que de son enfance aux Fossés, jamais de son âge mûr. Il ne semble pas avoir connu personnellement les abbés qui ont succédé à Thibaut, Eudes ou Odon Ier, Eudes II, etc. Ses souvenirs sur les événements qui se sont passés aux Fossés offrent une lacune facile à constater : jadis il a vu le tombeau de Bouchard, il en donne la description ; mais maintenant, dit-il en 1058, tout est détruit ; comment ? quand ? Il n'en fait rien, il se borne à constater le fait : « Que cuncta postmodum, *uti hodie patet,* penitus des- « tructa existunt[5]. »

De l'abbaye de Saint-Maur-les-Fossés dépendait un prieuré, Saint-Maur-sur-Loire ou Glanfeuil[6], où les moines de la maison-

---

1. *Vita Burcardi*, p. 30.
2. Prologue de la *Vita Burcardi*, p. 2.
3. Mabillon, *Annales ordinis S. Benedicti*, IV, 580-581.
4. *Ibid.*
5. *Vita Burcardi*, p. 30.
6. Glanfeuil ou S.-Maur, aujourd'hui en Maine-et-Loire, arr. Saumur, cant. Gennes, comm. Le Thoureil.

mère étaient souvent envoyés. C'est ce qui était arrivé en 988 à l'abbé Ménard, disgracié et relégué par Bouchard à Glanfeuil : Ménard y fut enterré. Or Eudes nous indique exactement l'emplacement de la sépulture : « Quo defuncto, ante vultum crucifixi Domini in ecclesia corpus ejus sepultum est[1] ». Il connaissait donc Glanfeuil ! Oui : nous lisons dans un homéliaire du XIe siècle : « Finis namque istius libri, dum a cunctis neglegentur « contempneretur multis annorum curriculis, *ab Odone nutrito in* « *cœnobio Sancti Mauri super Ligerim sito* curiose quesita est « ac recollecta[2] et que deperierant rescripta, que vero deerant ob « amorem Sancte Marie Sanctique Petri Fossatensis devote sunt « prescripta. Anno incarnati Verbi millesimo LVIII. Amen[3]. »

Cette curieuse souscription — autographe — d'Eudes contient des renseignements intéressants : l'écrivain était revenu à Saint-Maur-les-Fossés après un long séjour au prieuré de Glanfeuil ; il était rempli d'ardeur ; copiste soigneux, il achevait un recueil de leçons et d'homélies pour les fêtes célébrées depuis l'Avent jusqu'à Pâques (1058) : il réparait ainsi la « négligence dédaigneuse » de ses devanciers. Là ne se bornaient point ses aspirations : la bibliothèque[4], le chartrier étaient à sa disposition ; il songea à tirer de l'oubli les Gestes des religieux qui s'étaient distingués par leurs vertus[5].

Trois grands événements se détachent dans l'histoire des Fossés : la fondation de l'abbaye au VIIe siècle sur l'emplacement d'un ancien camp des Bagaudes, l'exode des religieux de Glanfeuil fuyant devant les Normands et apportant leurs reliques à

---

1. *Vita Burcardi*, p. 11.

2. Les feuillets 240 à 259 du ms. lat. 3786 constituent la « finis istius libri » transcrite par Eudes : ils se distinguent des premiers feuillets par la pâleur de l'encre et par la forme de la cédille de l'e.

3. Bibl. Nation. Ms. lat. 3786, f° 256 v°, 2e col., autographe. — (fac-similé dans L. Delisle, *Le Cabinet des manuscrits de la Bibl. Nation.*, planche XXXIV, n° 2). Eudes avait primitivement écrit : « millesimo LVIIII. » Il a poncé le dernier trait.

4. Eudes nous parle de trois manuscrits des Fossés : les deux lectionnaires aujourd'hui à la Bibl. Nation., sous les nos du fonds latin 3778 et 3786 (lat. 3786, f° 256 v°), et la Bible donnée par Bouchard (*Vita Burcardi*, p. 27). Il avait libre accès au chartrier, comme nous allons le voir.

5. « Religiosorum gesta vita virorum Deo fideliter placentium memorie « tradere posterorum dignum fore autumamus atque justissimum. » (*Vita Burcardi*, début du prologue, p. 1.)

Saint-Pierre-les-Fossés qui devient dès lors Saint-Maur-les-Fossés, enfin la réforme clunisienne de la fin du xe siècle. Les trois faits se rattachent à trois noms de saints : saint Babolein, saint Maur et Bouchard le Vénérable ; pour chacun d'eux, le xie siècle nous a laissé une hagiographie, et l'on veut que ce soit Eudes qui ait écrit sous cette forme l'histoire de l'abbaye.

Les auteurs de l'*Histoire littéraire de la France*[1] lui attribuent des *Répons* en l'honneur de saint Babolein[2], sans expliquer sur quoi ils fondent leur opinion. L'œuvre est du xie siècle, elle a été écrite par un moine nommé Eudes ; le préchantre de l'abbaye, Hilduardus, jura qu'elle ne serait jamais chantée de son vivant : «... dejerans quod, quandiu viveret, ad inventiones « *cujusdam Odonis* (fuerat quippe auctor hujus operis) in eadem « ecclesia cantari non sineret[3]. » Faut-il voir là les désagréments dont se plaint l'auteur de la *Vita Burcardi*[4] ? Je ne sais. Les Répons en l'honneur de saint Babolein ne nous sont point parvenus.

Nous avons au contraire la *Vita sancti Mauri*[5] mise en vers au xie siècle d'après une *Vita* en prose faite au ixe siècle par Odon de Glanfeuil. Les Bénédictins font honneur de cet ouvrage à Eudes[6]: simple hypothèse que rien n'appuie. L'hagiographie a été écrite vers 1030, aux Fossés ; elle n'est point de la main d'Eudes ; c'est tout ce nous pouvons savoir.

On ne peut attribuer d'une façon certaine à notre moine des Fossés que la *Vita Burcardi* : elle est de l'année 1058, elle fut achevée après le 20 juillet, dans la vingt-huitième année du règne d'Henri I[er][7]. D'après le prologue, Eudes se proposait d'écrire aussi

---

1. *Hist. litt. de France*, VII, 494. — Mabillon, *Acta Sanctorum ordinis S. Benedicti*, II, 570, note a.

2. Saint Babolein, premier abbé des Fossés, † vers 670, 26 juin.

3. Bibl. Nation., Ms. lat. 12614, f° 110 v°. — *Acta Sanctorum*, juin, V, 161, col. 1 : Le fait est rapporté dans les *Miracula sancti Baboleni*, à la suite d'un événement qui eut lieu sous Henri Ier, par conséquent entre 1031 et 1060.

4. « Pressuris siquidem plurimis stimulatus, infestationum jaculis colaphizatus atque fugatus. » (*Vita Burcardi*, p. 2).

5. Bibl. nation., Ms. lat. 3778, f°s 54-68.

6. *Hist. litt. de la France*, VII, 494. — Au f° 68 v°, 1re col. du ms. lat. 3778, on trouve mention d'un « medullitus Odo » : C'est une allusion à l'auteur de la *Vita* du ixe siècle, Odon de Glanfeuil.

7. *Vita Burcardi*, p. 31.

la biographie de Renaud, évêque de Paris et bienfaiteur de l'abbaye[1] ; mais en terminant la *Vita Burcardi*, il se déclare forcé d'ajourner son projet jusqu'à ce que la paix et la tranquillité soient revenues à Saint-Maur[2] ; il ne le mit jamais à exécution ; du moins la *Vita Ragenaldi* est inconnue aux historiens.

Après 1058, on perd de vue Eudes de Saint-Maur ; son humeur chagrine le portait à quitter l'abbaye : « exteras adire cupio « nationes[3] », dit-il ; il semble toutefois s'être décidé à attendre aux Fossés la fin de ses maux[4].

III. — LA *VITA BURCARDI*.

Depuis quarante-six ans Bouchard était mort ; rien ne faisait présager que sa biographie fût jamais écrite. Mais dans l'adversité on se souvient de ses amis et bienfaiteurs : du fond de la tombe, le vénérable comte fut évoqué pour servir de sauvegarde à l'abbaye qu'il avait aimée.

En 1058, Saint-Maur-les-Fossés se trouvait dans une situation critique[5] : les officiers du roi, le vicomte de Melun surtout, pillaient ses domaines, enlevant des bœufs ou prélevant injustement des droits à Moisenay et à Courceaux[6]. Le comte de Corbeil, Guillaume, loin d'avoir le désintéressement de ses prédécesseurs, cherchait à placer l'abbaye sous sa suzeraineté, à l'inféoder à son pouvoir[7]. Voulant masquer ses projets sous

---

1. *Vita Burcardi*, p. 2.
2. *Ibidem*, p. 32.
3. *Ibidem*, p. 3.
4. *Ibidem*, p. 32.
5. *Ibidem*, pp. 2 et 32.
6. Henri Ier essaya d'arrêter les empiètements de ses agents : (Arch. Nat. K 19, n° 52. Diplôme du 12 juillet (1054 à 1058), probablement 1058, car Guillaume de Corbeil souscrit aussitôt après le roi, ce qui me fait supposer que Guillaume était déjà avoué des Fossés), la tentative fut vaine. En 1085, le vicomte de Melun, Urson, et plus tard en 1138, l'un de ses successeurs, Adam, reconnaîtront avoir perçu injustement des droits sur Moisenay et Courceaux (A. Duchalais, *Charte inédite de l'an 1138 relative à l'histoire des vicomtes de Melun*, dans la *Bibl. de l'Éc. des Chartes*, 2° série, I, 239-241.) — Moisenay, Seine-et-Oise, arr. et cant. Melun ; Courceaux, Seine-et-Oise, arr. et cant. Melun, comm. Montereau-sur-Jard.
7. L'hostilité de Guillaume de Corbeil est clairement dévoilée dans cette analyse du diplôme de Henri Ier (29 juin) : « Carta Henrici regis : quo-

l'apparence de la légalité, il demandait à Henri Ier l'avouerie des Fossés, et le roi, malgré lui, faisait droit à cette requête en formulant toutefois de nombreuses restrictions (29 juin 1058[1]). Du clergé régulier, du clergé séculier, les malheureux moines n'avaient à attendre aucun appui ; au contraire ! Cluny leur était hostile depuis qu'ils s'étaient affranchis du joug de la maison mère, Saint-Valery revendiquait le corps de Bouchard le Vénérable. Les religieux des Fossés devaient agir eux-mêmes pour conserver leur autonomie, leur indépendance, leurs biens, leurs reliques.

C'est alors que la *Vita Burcardi* fut entreprise : plaidoyer, elle signifiait à qui de droit les titres de l'abbaye ; panégyrique, elle traçait une ligne de conduite au nouvel avoué, Guillaume de Corbeil. D'où une double source : pour le plaidoyer, des actes diplomatiques ; pour l'hagiographie, des documents annalistiques, épigraphiques, la tradition : « quę adhuc perspici possunt et quę ab ante natis comperi... stilo percurrere agressus sum[2] », nous dit l'auteur.

De nombreuses donations avaient été faites à Saint-Maur-les Fossés sous les règnes de Hugues Capet et de Robert le Pieux : elles émanaient du roi, de Bouchard le Vénérable ou des vassaux de ce dernier ; toutes portaient à des titres divers le nom de Bouchard. Un vassal ne pouvait amoindrir son fief, ne pouvait le laisser tomber en main morte sans le consentement du suzerain et des autres seigneurs de la hiérarchie féodale ; tant que le dernier intéressé n'avait pas accordé son approbation, la donation restait en suspens ; vu son caractère aléatoire, elle n'était pas couchée par écrit dès le début. Le vassal s'engageait par serment vis-à-vis de l'Église, et il priait son suzerain direct, dans notre cas le comte de Corbeil, de jurer aussi que la promesse serait respectée[3]. Enfin le diplôme royal relatait la donation en la confirmant : c'est ainsi que les concessions de Noisy-le-Sec et de Lisses faites à Saint-Maur par Josselin et Ermenfroi, autori-

---

« modo prohibuit domino Guillelmo militi de Corbeilo et heredibus suis ne « ecclesiam Fossatensem molestaret... » (Arch. nat. K 19, no 3^2, au vo analyse du XIe siècle).

1. Arch. Nat. K 19, no 3^2 orig.
2. *Vita Burcardi*, p. 2.
3. « Donum ergo horum rerum super altare sanctae Mariae sanctique « Petri apostoli tali tenore posuerunt, ut... » Arch. nat. K 18, no 2^5.

sées par Bouchard, sont constatées par deux diplômes de Robert le Pieux, l'un du 19 avril 998[1], l'autre du 26 octobre 999[2].

Le décret de Bouchard, promulgué le 1er mai 1006, simplifia cette procédure pour les gens tenant fiefs dans le comté de Corbeil ; l'acte leur permettait de léguer librement leurs biens à l'abbaye des Fossés sans autre contrôle que celui du roi. Il les assimilait complètement aux grands vassaux[3], au comte de Corbeil en particulier qui avait dû faire ratifier ses libéralités aux moines des Fossés par les deux diplômes du 19 avril 998[4] et du 26 octobre 999[5]. Parfois le seigneur déguisait la donation à une église sous forme d'un bail à long terme conclu avec un chevalier et portant reversibilité des biens à ladite église : telle est la *manus firma* accordée par Bouchard à son prévôt Baudoin ; il était spécifié dans la charte que, après la mort de Baudoin, de son fils Alcran et d'un second héritier[6], les terres de « Burgunnaria », Vigneux, Soisy, Saintery, etc., reviendraient à Saint-Maur. Ici l'intervention royale fut retardée jusqu'au moment où l'abbaye entra en jouissance ; elle n'en eut pas moins lieu le 13 mai 1029[7]. D'une manière générale, aucun fief ou partie de fief ne tombait en mainmorte sans la confirmation du roi[8], et c'est dans des diplômes que nous voyons agir Bouchard soit comme donateur, soit comme suzerain.

Lorsque les libéralités émanent du roi, le vénérable comte est encore mentionné dans l'acte : il joue le rôle d'*ambasciator*, il présente la requête des religieux des Fossés ; le 20 juin 980, il obtient ainsi pour eux le domaine de Maisons[9].

---

1. Arch. nat. K 18, n° 2^4.
2. *Ibid.* K 18, n° 2^5.
3. *Ibid.* K 18, n° 2^4.
4. *Ibid.* K 18, n° 2^4. — Le dipl. du 19 avril 998 ne fait que confirmer une charte de Bouchard donnée le même jour et publiée dans le *Gallia christiana* (1re édit.), I, 418.
5. Arch. nat. K 18, n° 2^5.
6. « Alrannus... qui primus heres extiterat cujusque nomen in carta conti- « nebatur, » dit Eudes de S. Maur, qui semble avoir connu la charte primitive (*Vita Burcardi*, p. 23).
7. Dipl. orig. aux Arch. nat. K 18, n° 8^5. Pour l'identification des noms de lieu, voir la *Vita Burcardi*, p. 24, notes.
8. Arch. nat. K 19, n° 3^2, dipl. orig. de Henri Ier : j'y relève cette phrase très juste ; « Constat... quod ea que in sancta Dei geruntur Ecclesia « scripturarum testimoniis confirmari debent... »
9. Arch. nat. K 18, n° 1.

Eudes de Saint-Maur a connu tous ces diplômes[1] ; il les a longuement analysés, mettant heureusement en lumière son héros. Jusqu'à présent un problème historique s'est posé : ces diplômes — moins celui du 13 mai 1029, — n'ont été datés par la chancellerie que de l'année du règne et de l'indiction ; postérieurement on a ajouté l'année de l'Incarnation ; par qui et comment ont été faites les additions ? Si on les compare entre elles, on voit qu'elles sont toutes de la même main, d'une petite écriture romane essentiellement différente de la caroline du texte ; le même auteur a ajouté l'année de l'Incarnation à un diplôme de 1037 pour Saint-Maur[2]. D'autre part, les diplômes de Hugues Capet et de Robert le Pieux sont reproduits dans la *Vita Burcardi* avec l'indication de l'année de l'ère chrétienne. L'interpolation a donc eu lieu entre 1037 et 1058, plutôt vers 1058, à une époque où les religieux durent s'occuper du chartrier pour défendre leurs droits. On peut croire aussi qu'Eudes ne fut pas étranger à ces retouches puisqu'il eut entre les mains les susdits actes ; notre hypothèse se change en certitude quand nous comparons les additions des diplômes avec la souscription autographe d'Eudes à la fin du lectionnaire de Saint-Maur (Bibl. nat. lat. 3786 f° 256 v°, 2° col.) : tout est identique, la formule, « anno Incarnati verbi », l'écriture, l'encre, les chiffres, la hauteur et la forme des caractères ; en un mot, l'interpolateur est Eudes de Saint-Maur.

Ses calculs sont loin d'être exacts : il date de 988 la donation faite par Hugues Capet le 20 juin, 2° année du règne, 2° indiction[3] ; or la 2° indiction tombe en 989, la 2° année du roi Hugues court du 2 juillet 988 au 2 juillet 989 ; l'acte ne peut être que du 20 juin 989[4]. Quant aux diplômes de Robert le Pieux, Eudes trouve leur date en ajoutant à 988 le nombre des années du règne exprimées dans l'acte[5], sans tenir compte du quantième et

1. *Vita Burcardi*, pp. 12, 16, 18, 24.
2. Arch. nat. K 19, n° 2, orig.
3. *Ibid*. K 18, n° 1, orig.
4. Mabillon, *De re diplomatica*, 576.
5. Robert a été sacré à Orléans le 25 décembre 987 : or, Eudes part de 988 ; on pourrait croire qu'à Saint-Maur-les-Fossés, les religieux commençaient l'année à Noël et qu'ainsi, selon leur comput, Robert fut sacré le 25 décembre 988. Il n'en est rien : un des diplômes de ce roi pour Saint-Maur était daté de 1029, 41° année du règne ; Eudes a obtenu le commencement du règne en soustrayant 41 de 1029, reste 988.

du mois : l'acte du 19 avril, an X de Robert, sera de 988 + 10, de 998 ; l'acte du 26 octobre, an XII, sera de 988 + 12, de l'an 1000. La première fois, il rencontra juste ; la seconde fois, il s'est trompé, le diplôme est du 26 octobre 999[1]. Eudes ne se doutait pas, le malheureux, de l'embarras qu'il allait causer à ses confrères, les auteurs de l'*Art de vérifier les dates*, en les amenant à bâtir sur le mot *millesimo* un système chronologique spécial[2].

Selon la règle au moyen âge, Eudes n'a eu accès qu'au chartrier de son monastère ; il n'a pas pu voir les actes de Bouchard en faveur de Saint-Valery, de Saint-Père, etc., dont la tradition toutefois lui a révélé l'existence.

Il n'a même utilisé aucune des sources annalistiques ou hagiographiques contemporaines de son héros, telles que les Histoires de Richer, de Raoul Glaber, ou la *Vita Sancti Maioli* d'Odilon de Cluny. En revanche, notre auteur s'est entouré de tous les renseignements qu'il pouvait recueillir aux Fossés.

La date de la mort de Bouchard et de ses parents ou amis est donnée d'après l'Obituaire de l'abbaye ; c'est dire que le quantième et le mois seuls sont indiqués : Bouchard mourut le 27 février, Elisabeth le 18 janvier, Josselin, vicomte de Melun, le 18 mars, l'abbé Teuton le 13 septembre, Hugues Capet le 24 octobre[3]. Après chaque obit, il y avait un grand repas d'anniversaire ; et Eudes énumère, d'après un décret de l'abbé Giraud, les divers *provisores* ou pourvoyeurs qui devaient fournir la « pitance.[4] »

Il transcrit les deux épitaphes qui ornaient les tombeaux du comte et de la comtesse de Corbeil[5] ; enfin il dresse l'inventaire de tous les objets précieux, vases d'or et d'argent, épée, chandeliers, Bible[6], laissés par les deux bienfaiteurs à l'abbaye.

---

1. Voir dans Pfister, *Etudes sur le règne de Robert-le-Pieux*, p. XLIII, comment la chancellerie royale a compté les années du règne et les indictions. M. Pfister prend comme exemples les deux diplômes ci-dessus et explique leurs dates. — Les deux diplômes originaux sont aux Arch. Nation., K 18, n°s 2^4 et 2^5.
2. *Art de vérifier les dates*, I. 569, col. 2.
3. *Vita Burcardi*, pp. 1. 30. 15. 21. 12.
4. *Ibidem*, p. 32.
5. *Ibidem*, pp. 30. 31.
6. *Ibidem*. pp. 27, 28.

La source la plus féconde de la *Vita* est la tradition, la tradition telle qu'elle existait à Saint-Maur-les-Fossés. Les moines les plus âgés avaient connu la vieillesse de Bouchard, sa vie monastique, ses dernières maladies, sa mort ; ils s'étaient entretenus avec lui des exploits jadis accomplis, des dignités qu'il avait obtenues, des bienfaits qu'il avait semés partout. Eudes écrit sous la dictée de témoins oculaires et auriculaires[1] ; des renseignements de cette sorte, tenus du héros lui-même et d'un héros désintéressé, ont une singulière valeur ; malheureusement ils sont incomplets : faute du temps qui efface bien des souvenirs, faute du biographe aussi qui avoue n'avoir pas tout dit[2], la figure de Bouchard apparaît par endroits en pleine lumière, par endroits dans la pénombre obscure.

Les événements les plus frappants, ceux dont le théâtre était proche de l'abbaye ont résisté à l'oubli : ambassade en Flandre marquée par un miracle, siège de Melun, bataille d'Orsay, donation à Saint-Père-de-Melun.

Par ailleurs, Eudes voyant son héros à travers le prisme de la tradition monacale le trouve toujours associé à l'histoire des Fossés. Le sujet se dédouble : l'administration de Ménard, les entrevues de Bouchard avec Adicus, Hugues Capet, saint Mayeul, ses donations à Saint-Maur, le départ puis le retour de Teuton, la nomination de Thibaut, le décret de Giraud, voilà autant de faits qui appartiennent aux annales de Saint-Maur-les-Fossés. Ces digressions ne manquent pas d'intérêt : nous saisissons sur le vif les mœurs d'un abbé sans vocation, les rapports d'un avoué honnête avec l'abbaye qu'il protège, les réformes et la politique des religieux de Cluny.

Parfois on trouve de rapides aperçus sur la société laïque au XIe siècle, sur les principes qui régissent la féodalité : éducation du vassal à la cour de son seigneur, défense au vassal d'entreprendre une guerre sans l'autorisation du suzerain[3]. Mais le grand feudataire, le conseiller royal ne font que de fugitives apparitions.

1. *Vita Burcardi*, p. 1.
2. *Ibidem*, pp. 1 et 31.
3. *Ibidem*, pp. 5, 19.

Ne demandez pas davantage au biographe : rapportant des événements passés depuis un demi-siècle et plus, il ne peut en connaître l'enchaînement. Les anachromismes sont nombreux dans la *Vita Burcardi :* Hugues le Grand est confondu avec Hugues Capet[1] ; saint Mayeul mort en 994 (14 mai) est porté comme survivant à Hugues Capet mort en 996 (24 octobre[2]) ; la translation des reliques de saint Valery opérée les 2-3 juin 980 est relatée après 1006[3], sous le règne de Robert le Pieux. A part les dates fournies par les diplômes, il n'y a pas d'indications chronologiques précises.

Eudes ne vise pas à l'exactitude absolue. Pour édifier des moines, il n'était pas nécessaire de faire œuvre de chroniqueur : la *Vita* est un panégyrique, une *lectio*. Quand même nous ne saurions pas ce fait par la rubrique du Prologue, de nombreux passages nous l'apprendraient. Eudes s'adresse souvent aux religieux, leur donnant en exemple la vie de Bouchard ou leur citant des versets tirés des Livres saints : ses allocutions sont chaudes et vibrantes, ses descriptions colorées, ses dialogues animés ; le biographe instruit et touche, pendant que ses phrases rythmées caressent agréablement l'oreille. Certaines locutions emphatiques mises à part, la *Vita Burcardi* est une des œuvres les mieux écrites du XIe siècle.

Texte dérivé. — La lecture annuelle de la *Vita* le 4 des calendes de mars, le repas d'anniversaire qui suivait, contribuèrent à entretenir à Saint-Maur le souvenir de Bouchard. Sur les rouleaux des morts de Mathilde, fille de Guillaume le Conquérant (✝ 1113)[4] et d'Eble de Turenne (✝ 1152)[5] le nom du comte figure en tête du *Titulus Sancti Petri Fossatensis*, c'est-à-dire en tête des défunts pour lesquels les moines des Fossés réclamaient des prières.

Peu à peu, sous l'influence de causes diverses, une légende

1. *Vita Burcardi*, p. 5.
2. *Ibid.*, p. 13.
3. *Ibid.*, p. 25.
4. L. Delisle, *Rouleaux des morts du IXe au XVe siècle*, recueillis et publiés pour la Société de l'Histoire de France, 1866, in-8, 251.
5. *Ibid.*, p. 362.

se forma : Bouchard, disait-on, revenait d'un pèlerinage à Jérusalem quand il rencontra Robert le Pieux près du Puy ; le roi avait mis le siège devant la ville, mais son armée se décimait ; il supplia le vieux comte de lui amener des renforts. Bouchard vole vers le Nord, rassemble 30,000 hommes qu'il passe en revue à Orléans, confie le commandement de ces « légions » à des « satrapes » et à des « centurions » et emporte d'assaut la ville rebelle. Le lendemain il part pour Corbeil, congédie ses serviteurs en déclarant qu'il a assez servi un roi mortel, qu'il veut consacrer sa vieillesse au roi immortel ; il se rase la barbe[1], donne son épée à l'abbaye des Fossés, et, emportant plusieurs vases d'or et d'argent[2].....

Sur les mots « vasis plurimis aureis et argenteis », se termine brusquement le récit, interpolé sous la date de 999 dans un ms. de la chronique sénonaise appelée par Waitz *Historia Francorum Senonensis*. Le manuscrit provenant de Saint-Maur-les-Fossés, et actuellement à Berne (n° 324 de la Bibl. de la ville[3]), est du XIIe siècle ; les premiers feuillets contiennent l'*Historia ecclesiastica* composée par Hugues de Fleury en 1109 et en 1110 ; l'interpolation de l'*Hist. Francor. Senon.* est donc postérieure à 1109-1110. Le fait rapporté n'est du reste pas vrai : en 999, Bouchard resta dans le Parisis, luttant contre Eudes II de Blois, il n'alla point à Jérusalem, et il ne se retira du monde qu'en 1006.

Il est facile de voir comment se forma cette légende : Eudes de Saint-Maur laissait prise aux conjectures en avouant n'avoir pas tout raconté ; il en fournissait même les éléments en prétendant que l'un des vases du comte avait appartenu au roi Abgar. Abgar était roi d'Edesse, Edesse c'était l'Orient, c'était Jérusalem : Bouchard avait donc été lui aussi à Jérusalem, lui aussi, comme les croisés qui venaient de conquérir le saint sépulcre. Ce qui prouve que l'interpolateur écrit après la première croisade, c'est la mention de la ville du Puy, ville presque

1. Cf. texte de 992 : « Milo comes seculum relinquens comam capitis sui « et barbam totondit. » (Quantin, *Cartul. général de l'Yonne*, I, 153).
2. *Monum. Germ. historica : Sriptores*, IX, 371-2, *Fragmenta Historiae Fossatensis*, interpolés dans l'*Historia Francorum Senonensis* (éd. Waitz).
3. Pertz, *Archiv.*, V, 491-493. — H. Hagen, *Catalogus codicum Bernensium*, Berne, 1875, 8°, p. 328-9.

inconnue au xe siècle et que n'assiégea point Robert le Pieux, mais dont un des croisés, Adémar de Monteil, évêque du Puy, illustra le nom à la fin du xie siècle.

Le livre II des *Histoires* de Raoul Glaber a fourni le squelette de la légende : une expédition du roi Robert dans le Midi durant les dernières années du xe siècle, le nombre des soldats auxiliaires 30,000, l'échec du roi devant la place ; le *comes Ricardus* peut être le prototype de notre *comes Burcardus*[1]. Toutefois la mise en scène diffère, elle est plus dramatique ; l'entrevue désespérée de Robert avec son vieux serviteur, les apprêts du combat, l'assaut, tout est habilement inventé et combiné par le narrateur.

Le dernier acte, — retour de Bouchard à Corbeil, ses adieux à ses vassaux, ses dons à Saint-Maur, — est emprunté à la *Vita Burcardi*.

IV. — MANUSCRITS.

Le texte de la *Vita Burcardi* est conservé dans trois manuscrits, tous les trois à la Bibliothèque Nationale : ce sont les mss. latins 3778, 12614, 12618.

1° Lat. 3778 (*Codex Fossatensis, Colbertinus* 3294, puis *Regius* 4023) lectionnaire de Saint-Maur-les-Fossés pour les fêtes postérieures à Pâques et antérieures à l'Avent[2]. 188 feuillets, rel. en basane, deux parties :

Première partie. — Feuillets 1 à 179, parchemin, 300mm sur 200mm, première moitié du xie siècle, de deux mains différentes : feuillets 1 à 49 v° et feuillets 50 à 179[3]. Le dernier copiste a fini son ouvrage après 1030, après la dédicace de la nouvelle église des Fossés (1030) relatée dans le *Sermo de mirabilibus gestis sive translatione corporis sanctissimi Mauri* (feuillets 165-173),

---

1. Raoul Glaber, *Historiarum lib. II*, cap. VIII, éd. M. Prou, p. 42.

2. Les leçons des autres fêtes de l'année, de l'Avent à Pâques, se trouvaient dans un second Codex de Saint-Maur-des-Fossés, aujourd'hui à la Bibl. Nation. latin 3786 : Il fut terminé par Eudes en 1058.

3. Le dernier opuscule cependant : « In sollempnitate sancti Mauri Abbatis ad Vesperos » (fos 174 à 179), a pu être copié par un troisième scribe.

et avant 1058, car à cette époque le lectionnaire est mentionné comme terminé[1].

Deuxième partie. — Feuillets 180 à 188, vélin, 300mm sur 188mm, à longues lignes, 42 lignes à la page, justification 115mm, premier quart du XIIe siècle[2]. C'est la *Vita Burcardi*. Dès l'origine, elle a dû faire partie du manuscrit, elle n'y a point été placée par accident sous une reliure factice; un caractère commun la rattache aux opuscules qui précèdent; le fait qu'elle est une *lectio*, une leçon. La phrase suivante du prologue: « com« monitus itaque patrum priorum exemplis... maxime beati Gre« gorii romanę urbis apostolici, qui de plurimis sanctorum gestis « tam in dialogo suo quam in omeliis disseruit », sert de transition entre deux homélies (feuillets 2 à 17) et une hymne[3] (feuillets 174 à 179) de saint Grégoire le Grand et la *Vita Burcardi*. Enfin l'*ex libris*[4] n'est placé qu'à la fin de la *Vita Burcardi*, ce qui prouve que le codex se terminait par cet ouvrage. Les feuillets 180 à 188 occupent donc la place de l'autographe. J'ajoute qu'ils ont été copiés d'après l'autographe. Dans les rubriques en effet nous retrouvons les lettres onciales affectionnées par Eudes[5]; le texte présente d'une façon constante les *e* cédillés en zigzag, tels qu'on les traçait au XIe siècle, tels que les traçait Eudes de Saint-Maur. En un mot, le latin 3778 est le manuscrit le plus ancien et le plus exact de la *Vita Burcardi*, seul il dérive de l'autographe. Pour plus de commodité, dans mes notes je le désignerai par A.

2° Lat. 12614 (ancien *Codex Fossatensis* 1024[6], *Sancti Ger-*

---

1. Voici ce que dit Eudes dans le lat. 3786, f° 256 v°, 2e col. achevé en 1058 : « Quicquid sane ex anni circulo in hoc volumine (lat. 3786) minus habetur, in alio codice (lat. 3778) lectoris sollercia requirere studeat. »

2. L'écriture diffère peu de l'écriture du lat. 3786, f° 243 r°.

3. « In sollempnitate sancti Mauri Abbatis ad Vesperos. Gregorii papę « canit hęc tibi fistula, Mauro. » (f° 174 r°).

4. « Iste liber est Sancti Petri Fossatensis. Si quis eum furatus fuerit vel « ab eodem loco malitiose subtraxerit, maledictioni perpetue subjaceat. « Amen. Amen. Fiat. Fiat. » (f°. 188 v°).

5. Cf. la rubrique du Prologue (lat. 3778, f° 180 r°) et la souscription d'Eudes (lat. 3786, f° 256 v°, 2e col., reproduit dans M. L. Delisle, *Le Cabinet des Manuscrits de la Bibl. nation*. Planche XXXIV, n° 2).

6. « Iste liber est de monasterio Sancti Mauri Fossatensis (ms. lat. 12614, p. 3).

mani 1051 [1]) milieu du XIIIe siècle, parchemin, 128 feuillets, 278^{mm} sur 179^{mm}, à longues lignes, demi-rel. en veau ; endommagé par l'humidité, des miniatures et lettres ornées ont été arrachées. La *Vita Burcardi* y occupe les feuillets 113 à 128 : le feuillet 112 qui contenait la plus grande partie du prologue a été enlevé ; le feuillet 113 commence par les mots : « [stu]dui relinquere, ut Fratres... [2] » Ce manuscrit dérive directement du latin 3778, dont il reproduit les particularités[3]. La copie est assez fidèle ; seulement les *e* cédillés sont systématiquement remplacés par des *e* simples et les *t* suivis d'*i* et d'une voyelle par des *c*. J'appellerai B ce ms.

3° Lat. 12618 (ancien *Codex Sancti Germani* 509). Fin du XIIIe siècle, parchemin, 50 feuillets, 289^{mm} sur 204^{mm}, à deux colonnes de 44 lignes, demi-rel. en maroquin rouge. La *Vita* y occupe les feuillets 40 v° à 46 r° (ancien. p. LXXIX à XC) avec ce titre courant au recto : « *Vita Barchardi* ».

Le lat. 12618 est dérivé du lat. 12614 ; il en adopte toutes les variantes orthographiques[4], toutes les fautes [5] et il en ajoute de nouvelles. C'est le manuscrit le plus défectueux des trois ; l'explication en est facile : le lat. 12618 n'est qu'une copie de troisième main de l'original, le lat. 12614 était la copie de seconde main et le lat. 3778 était l'exemplaire directement exécuté sur l'original. En marge du lat. 12618, se trouvent des annotations d'un scribe du XIVe siècle et des gloses de Dom Jacques Dubreul imprimées dans l'édition de la *Vita Burcardi* du savant Bénédictin. Je désignerai par C ce troisième manuscrit.

---

1. En 1716, il fut vendu à l'abbaye de Saint-Germain-des-Prés par les chanoines de Saint-Maur (Montfaucon, *Bibl. biblioth.* II, 1141. — L. Delisle, *Cabinet des Manuscrits de la Bibl. nation.* II, 45).
2. *Vita Burcardi*, prologue, p. 3.
3. Ainsi, les chiffres romains du texte sont surmontés des mots qui les expriment écrits en toutes lettres. (*Infra*, p. 12, 16.)
4. *e* pour *ę*. *ci* et une voyelle pour *ti*.
5. « Regnatus » au lieu de « renatus », « revissere » au lieu de « revisere », etc.

V. — ÉDITIONS.

En 1614, un fragment de la *Vita Burcardi* relatif à saint Mayeul a été imprimé par Dom M. Marrier dans la *Bibliotheca Cluniacensis*. Paris, in-fol. col. 298-302.

I. — La première édition de la *Vita Burcardi* a été donnée par Dom Jacques Dubreul, religieux de Saint-Germain-des-Prés, dans son *Supplementum Antiquitatum urbis Parisiacae*. Paris, 1614, in-4°, pages 147-166. Dom J. Dubreul s'est servi du ms. de Saint-Germain-des-Prés, « ex veteri libro manuscripto « bibliothecae Sancti Germani a Pratis ». C'est le ms. lat. 12618 de la Bibl. Nation., comme le prouvent les notes ou gloses marginales écrites de la main de Dom J. Dubreul et imprimées en marge de son édition. L'éditeur a donc établi le texte d'après le manuscrit le plus fautif ; quelques erreurs de lecture peuvent être relevées contre lui ; enfin il a négligé les annotations du scribe du XIVe siècle, peu importantes il est vrai.

II. — François Duchesne, dans les *Historiae Francorum Scriptores*, Paris, t. IV (1647), in-fol., p. 115-124, n'a fait que rééditer Dubreul : « ex editione Jacobi Brolii monachi S. Germani de Pratis...», dit-il[1].

III. — Les auteurs du *Recueil des Historiens des Gaules et de la France*, Paris, tome X (1760), in-fol., p. 349-360, ont à leur tour reproduit l'édition de Duchesne « apud Chesnium », en ajoutant quelques notes ou corrections, mais sans recourir à un seul manuscrit.

Nous avons deux traductions de la *Vita Burcardi*. La première est intitulée : « *La vie de hault et puissant seigneur M. Bourchard, comte de Melun, Corbeil et Paris soubs les règnes de Hues Capet et Robert, l'an* 1000... traduicte en françois par M. Sebastian Roulliard de Melun, advocat en Parlement. A Paris, CIↃ. IↃ. CXXVIII ». Elle occupe les pages 639 à 672 de l'*Histoire de Melun* du même auteur. Paris, 1628, petit in-4°. Rouliard s'est servi de l'édition de Dubreul.

---

1. F. Duchesne, *Hist. Francor. Scriptores*, IV, 115, en marge.

La seconde traduction de la *Vita* se trouve dans la *Collection des Mémoires relatifs à l'Histoire de France,* de Guizot. Paris, tome VII (1825), in-8°, pages 3 à 28. Elle a été exécutée d'après le texte du *Recueil des Historiens de France*[1].

En résumé, aucun éditeur, aucun traducteur n'a utilisé jusqu'ici le plus ancien et le plus correct des manuscrits, le ms. lat. 3778, ni même la copie de ce ms., le ms., lat. 12614. Tous les auteurs ont reproduit, à la suite de Dubreul le texte d'une copie de troisième main, le ms. lat. 12618. Dans la présente édition, le texte a été établi d'après le lat. 3778 ou A et l'on a donné en notes les variantes tirées du 12614 ou B et du 12618 ou C, négligeant toutefois les variantes orthographiques ę pour *e*, *ci* pour *ti* systématiquement employées dans B et C. On trouvera de plus au bas des pages quelques annotations et en appendice un curieux texte des *Coutumes* établies dans le Vendômois par Bouchard le Vénérable.

1. Le Ms. Français de la Biblioth. nation., nouv. acq., 1397 : *Vie de Bouchard, comte de Corbeil et de Melun,* n'est autre chose qu'une copie de la traduction de Guizot.

PROLOGUS

IN

VITA DOMNI BURCARDI

VENERABILIS COMITIS

QUAM IIII^to KALENDAS[1] MARCIAS MERITO RECITARE DEBENT FOSSATENSES MONACHI, NAM SUNT AB ILLO DITATI MUNERIBUS MAGNIS.

Religiosorum gesta vita virorum[a] Deo fideliter placentium memorię tradere posterorum dignum fore autumamus atque justissimum. Pertranseuntibus enim generis humani ętatibus, oblivioni traduntur quę geruntur a fidelibus, nisi forte contigerit[b] aliquibus menbranis inserere quę ab ipsis dum vivunt peraguntur honestissime. Commonitus itaque Patrum priorum exemplis, qui de multis sui temporis gestis nobis plurima reliquere, maxime beati Gregorii Romanę urbis apostolici[2], qui de plurimis sanctorum gestis tam in dialogo

a) Lat. 3778 ou A et lat. 12618 ou C portent « vita virorum » : dans C, « vita » a été barrée postérieurement avec une encre différente. Pour l'intelligence du texte, les précédents éditeurs ont transposé « vita » et « virorum », ils ont écrit : « Religiosorum gesta virorum, vita Deo fideliter placentium..., » Aucun manuscrit n'autorise cette correction. Dans le lat. 12614 ou B, le texte ne commence qu'à « [stu]dui relinquere » p. 3, l. 2; le premier feuillet de la *Vita Burcardi*, qui comprenait la plus grande partie du prologue, a été arraché. — b) C contingerit.

1. Le 4 des calendes de Mars tombait le 26 février dans les années communes, le 27 février dans les années bissextiles. Si Bouchard est mort en 1012, année bissextile, son anniversaire devait être célébré tantôt le 26, et tantôt le 27 février.
2. Saint Grégoire ou Grégoire Ier le Grand, pape de 590 à 604.

suo quam in omeliis[1] disseruit, studui aliqua fratribus Fossatensis ęcclesię perscribere : qualiter venerabilis comes Burchardus ejusque filius pręsul, scilicet Ragenaldus[2], Sancto Spiritu commonente[a], eundem locum honoribus ac possessionibus sublimaverint atque postmodum, appropinquante fine, religionis habitum[b]... Nam licet multa eorum bene gesta hac[c] nostra ętate oblivione sint deleta, pauca tamen quę adhuc[d] perspici possunt et quę ab ante natis comperi, ob eorum perpetuum memoriale rememorandum, stilo percurrere aggressus sum. Ast quoniam, secundum Domini dictum, *habundante iniquitate et refrigescente caritate*[e], *omnes qui pie volunt vivere persecutionem patiuntur*[3], jamdicto loco ad summam miserię calamitatem decidente[f], ante quam penitus ad ima corruat, cogor nativum relinquere solum quo pueriliter, ut Christo placitum fuit, educatus sum. Pressuris siquidem plurimis stimulatus, infestationum jaculis colaphizatus atque fugatus, exteras adire cupio nationes, *ignorans*, sicut de se dicit Apostolus, *quid mihi futurum sit*[4]. Nec hoc agendo extra Domini preceptum facere pertimesco, qui suos fideles, ut vitare valerent rabiem *persequentium, de civitate in civitatem*[5] fugere jubet. Ipsius tamen posco sanctę misericordię largitatem ut ab hostium tam visibilium quam invisibilium incursu ereptum jugiter dignetur protegere quem precioso sui sancti sanguinis redemit cruore.

a) C commovente. — b) C habitu. — c) C ac. — d) B ad huc. — e) C karitate. — f) Les mss. portent « jamdictum locum... decidente. »

1. Saint Grégoire a laissé soixante-deux *Homélies* sur le prophète Ezéchiel, sur les Evangiles, et des *Dialogues* sur les Saints. (Dom Denys de Sainte-Marthe, *Vie de Saint Grégoire*. Paris, in-4°, 1697).
2. Renaud, fils de Bouchard et d'Elisabeth, chancelier de France (988-991), évêque de Paris de mars-nov. 991 au 12 septembre 1016.
3. Tim. III, vers. 12.
4. Saint Matthieu, X, vers. 23.
5. Ibid., XXIII, vers. 34.

Antequam ergo itineris seu mutationis assumam laborem, hoc scriptum jam dictę Fossatensi ecclesię studui relinquere[a], ut fratres devotionis atque sanctę dilectionis amorem circa me exhibentes dum docti ab indocto perceperint verba hujus lectionis, sint memores Odonis peccatoris, quatinus eorum sanctis precibus merear post mortem carnis consequi bravium ęternę felicitatis. Amen.

EXPLICIT PROLOGUS.

a) Ici commence le texte de B.

INCIPIT VITA

I. Inclitus comes Burchardus, nobili stirpe progenitus, sacro baptismate est renatus[a] atque nobiliter in religione catholica militari tirocinio edoctus. Nam pueritię tempora dum transigeret, curię regali, more francorum procerum, a parentibus traditus est ; qui christianitatis operibus pollens totius prudentię atque honestatis assumpsit commoda ; in aula enim gloriosi Hugonis Francorum regis[1], cunctis tam cęlestibus quam militaribus imbuebatur institutis. Dum vero adolescentię atque juventutis appulit annos, Domini providente gratia qui fidelem militem sibi eum providebat futurum, magno dilectionis amore a rege amplectitur in tantum ut cunctos coętaneos transcendere videretur. Amabatur enim a cunctis honorque maximus ei ab omnibus Francorum proceribus impendebatur. Honoratur quoque ab inclito rege, auroque et argento, castris quoque ac possessionibus multis ditatur, ipsiusque consiliarius fidelissimus efficitur.

Contigit itaque isdem temporibus, Dei disponente judicio, ut comes Corboili castri, nomine Haimo[2], ad limina sanc-

a) BC regnatus.

---

1. Hugues Capet ne devint roi qu'en 987 : Bouchard avait alors 50 à 60 ans. Il n'a donc point passé son enfance à la cour de Hugues Capet. Eudes commet un singulier anachronisme et une confusion évidente : Bouchard fut élevé à la cour de son suzerain, Hugues le Grand, duc (923-956) et non pas roi de France. (Voir l'*Introduction*, p. VIII).

2. Haimon ou Aymon était fils d'Osmond le Danois, gouverneur de

torum apostolorum Petri et Pauli, orationis gratia, Romam pergeret ibidemque in eodem itinere finem hujus vitę acciperet. Quo defuncto, ammonetur strenue juventutis tiro Burchardus tam a rege quam a ceteris Francorum primoribus ut prędicti comitis uxorem sibi conjugio copularet. Ille vero quem jam juventutis seu naturę humanę necessitas talia facere cogebat, pręceptis regalibus libenter paruit. Datur ergo dono regali ei uxor jamdicti comitis Haimonis, Helisabeth vocitata, nobili progenie et ipsa exorta, conjunguntur que thoro nuptiali ut secundum Domini imperium prole dulcissima postmodum lętarentur. In quo copule thalamo dedit Hugo rex sibi fideli militi castrum Milidunum atque jamdictum Corboilum, comitatumque Parisiace urbis taliterque comes regalis efficitur[1]. Suscepto itaque[a] honore temporali, gubernabat commissam sibi familiam secundum Domini voluntatem. Erat enim fidelis defensor ęcclesiarum quę sub imperio regni Francorum habebantur, largitor elemosinarum, consolator miserorum, sublevator piissimus monachorum, clericorum, viduarum atque virginum in cęnobiis Deo militantium.

II. Cum igitur his et aliis multis Domino placere studeret virtutibus, utpote[b] vir seculari militia deditus atque in cunctis mundi negotiis implicatus, ejus mens regi regum

a) C susceptoque. — b) B C ut pote.

Richard Ier, duc de Normandie. Hugues le Grand lui donna le comté de Corbeil en lui faisant épouser Elisabeth, parente de la duchesse de France Hedwige. Après 950, on ne trouve aucune mention d'Haimon. (*Art de vérifier les dates*, II, 640, col. 1).

1. Eudes croit que toutes ces donations ont été faites au moment du mariage de Bouchard et d'Elisabeth. Il n'en est rien. Elisabeth, en se mariant, apporta le comté de Corbeil à son mari ; peut-être Hugues Capet y ajouta-t-il dès cette époque, c'est-à-dire vers 960, le château de Melun ; mais il ne put se dessaisir du titre de comte de Paris qu'au moment où il en reçut un autre, plus élevé, le titre de roi, en 987.

fideliter devota mundo minime celari potuit. Non enim dignum erat ut lucerna sub modio[1] posita diutius lateret in tenebris, sed super candelabrum poneretur, ut lumen lucernę clare ardentis omnibus in limine sanctę ęcclesię introeuntibus patesceret. Tempore ergo jamdicti Francorum regis Hugonis, ęcclesia Fossatensis cęnobii, quę olim ab antiquis regibus nobiliter fuerat sublimata, pre ceteris erat confusa atque omni humanę necessitudinis auxilio destituta : hoc autem acciderat partim justitię penuria, partim quoque rectorum neglegentia. Isdem namque diebus, Magenardus, vir nobilis, secundum hujus caduci seculi honorem nobiliter natus, eandem gubernabat ęcclesiam ; qui, non juxta patris Benedicti imperium agens, seculo valde deditus, animarum ac corporum commoda postponebat. Delectabatur enim canum atque bestiarum venationibus aviumque volatilibus[2] ; dumque alicubi voluntas pergendi adesset, depositis monachilibus indumentis, preciosarum pellium tegumentis exornabatur calamaucumque[3] optimum pro capitio[a] humili capiti imponebatur. Subjecti etiam, quique pro posse, et ipsi eadem sectabantur. Ne ergo hoc cuiquam erga habitatores ipsius loci molestum videatur, hic mos a cunctis monachis istius regni agebatur[4]. Dum itaque hęc et multa alia age-

a) BC capicio.

1. Saint Marc, IV, 21.
2. La chasse à courre et la chasse au faucon.
3. « Calamaucum » pour Camelaucum, coiffure, primitivement bonnet en poils de chameau (Camelus, d'où Camelaucum), plus tard camail. (Mabillon, *Annales Ordinis sancti Benedicti*, IV, 54. — J. Dubreuil, *Supplementum Antiquitatum parisiensum*, 150.) « Pilleum, calamaucum ex bysso rotun- « dum, quasi sphaera... » (Du Cange, *Glossarium mediae et infimae latinitatis*, II, 47).
4. Cette remarque est exacte : le relâchement de la vie monastique était général. Au xe siècle, abbés et moines se livraient à la chasse et aux plaisirs, laissant les terres en friche : la simonie était partout, le concubinage des clercs devenait une coutume. (*Gallia Christiana*, XII, 120 B, 136 D, 161 E. — *Histoire littéraire de la France*, VII, 5.) Enfin la réforme de Cluny arriva.

rentur, quidam cęnobita, Adicus nomine, grave tulit et secum cogitatione tacita quomodo hoc a sanctuario Dei prohiberi posset sedule meditabatur. Omnibus ergo inscientibus, abbate quoque ignorante, religiosum adiit comitem, cunctam sui cordis ei pandens voluntatem ac omnibus eum exorans precibus ut locum ipsum memor suę animę in pristinum statum restituere dignaretur. At memoratus comes talia mente pertractans, promittit se ejus precibus assensum prębiturum.

Accedens itaque ad regis pręsentiam humili mente ac voce cępit dicere : *Licet, rex Francorum gloriose, tua regalis majestas pre ceteris aulę tuę effecerit me castris ac multis honoribus terrenis ditiorem, unum tamen adhuc requiro tuę benignitati quod ne prohibeas super cunctis precatibus me deposcere agnoscas.*

— Ad quem rex : *Quid, inquam, illud est, karissime, quod tibi in regno nostro possit negari ?*

— Cui venerandus comes : *Non valde multumque larga, sed parva videtur res esse quam requiro. Oro namque ut ecclesiam Fossatensis cenobii, quę regali subdita est dominio vesterque fiscus fore videtur*[1], *michi servitutis vestre obsequiis parenti tua pręcelsa majestas concedere dignetur.*

— Cui rex[2] ait : *Cum omnibus constet precessorum nostrorum temporibus regalem semper fuisse abbatiam, quomodo valet fieri ut a nostra regali potestate separetur ? Si enim hoc a nobis factum fuerit, forte post tui corporis obitum heredum sive successorum tuorum nequitiis subvertetur atque tunc culpabimur detrimentumque animę patiemur cum nullus*

---

1. Saint-Maur-les-Fossés était une abbaye royale, exempte de la juridiction de l'ordinaire et relevant directement du pape « apostolicalis atque regalis « abbatia ». (Diplôme de Henri Ier pour Saint-Maur, 29 juin 1058. Tardif, *Monum. histor., Cartons des rois*, n° 272, p. 169.)

2. En marge du latin 12618, f° LXXXI, col. 1, un annotateur à peu près contemporain (XIVe siècle) a mis cette analyse : « *nunc :* quomodo rex Hugo commisit comiti Bucardo ecclesiam Fossatensem causa restauracionis et emendacionis. »

justicie fuerit locus fratribusque in eo degentibus infinitumque acciderit detrimentum [1].

— Ad hęc comes responsum reddidit : *Dum minime nunc impetrare valeo ut mihi perpetuali concedatur dono, saltem hoc tribuatur ut emendationis ac restaurationis gratia, causa quoque salutis nostrarum animarum, hoc petitionis donum suscipere merear. Valde quippe delector tam preciosum locum ad emendandum suscipere, vestroque suffultus auxilio, honoribus ac possessionibus plurimis, si vita, Deo propicio, comes fuerit, sublimare atque in pristinum statum erigere. Salutem quoque meę animę atque scelerum et peccatorum meorum diminutionem elemosinarum largitione per ipsum locum, Deo annuente, spero consequi, et post hujus caduci seculi decursum, fragilia mei corporis menbra volo ibidem tumulari.*

Cernens itaque rex ex Dei voluntate esse quod a tanto poscebatur viro, causa emendationis ac benefaciendi, sicut pollicebatur, ejus providentię commisit, ut sublevator fidelis atque defensor ipsius ęcclesię adversus hostes malignos terrarumque invasores existeret. Quod alacri cordis gaudio suscipiens, gratiarum Deo laudes regique mortali reddidit.

III. Illis igitur diebus, fama venerabilis[a] Maioli abbatis Cluniacensis[2] laudabilis per omnem Galliam habebatur. Accepta itaque comes regis licentia ad eundem sanctum virum perrexit. Cumque ab eo reverenter, ut dignum erat,

a) C venerabile.

1. Au fond de ce dialogue imaginaire, on entrevoit bien la vérité historique. Hugues Capet abandonna difficilement et à contrecœur l'avouerie des Fossés, « licet invitus » dira plus tard Henri Ier dans une occasion semblable (Tardif, *Mon. histor.*, *Cartons des rois*, nº 272, p. 169) : mais aussi y avait-il moyen de rejeter la demande d'un serviteur si fidèle... et si puissant : « a tanto poscebatur viro. » (*Infra*, 9).

2. Saint Mayeul, abbé de Cluny (948-994), avait déjà réformé Saint-Honorat-de-Lérins, Marmoutiers et Saint-Germain d'Auxerre, lorsqu'il vint à Saint-Maur-les-Fossés.

susceptus fuisset, humo prostratus, tam ammirabilem humilitatis exhibitionem adventusque ejus ad eum causam a tam longinqua patria inquirere studuit.

— Cui comes : *Laborem tanti itineris assumens, non causa levitatis ad te venisse credendum est. Supplex namque requiro ut petitionis meę verba suscipias, ne penitens inveniar tam magno itinere fatigatus tam longinquam adisse patriam. Locum siquidem Fossatensis ęcclesię nuper a domno Hugone Francorum rege, emendationis gratia, suscepi, quem deposco vestro emendari ac sublimari presidio quatinus sancti Benedicti institutio ibidem religiose servetur. Non enim alicujus auxilium requirere studui, nisi tuum quem Deo placere comperi.*

— Cui pater Maiolus admirans respondit : *Cum multa monasteria in vestro habeantur regno, cur ab illis non accipitis quod a nobis requiritis ? Valde enim laboriosum nobis est exteras atque incognitas adire regiones nostraque relinquere et vestra appetere. A vestris ergo hoc potius vicinis expetendum est quam a nobis longinquis et ignotis.*

Hoc comes audiens valde tristis atque moestus redditur, timens tantum iter in vanum assumpsisse. Iterum ergo atque iterum ad pedes sancti viri prosternitur, poscens ut affectus desiderii ejus susciperetur. Sanctus itaque Maiolus multis venerandi comitis devictus precibus, acceptis perfectioribus sui cęnobii fratribus, cum eodem comite ad Parisiacum usque pervenit pagum.

Cumque ad portum villulę super fluvium Matronę monasterio Fossatensi proximo[1] pervenissent, jubet comes abbatem cunctamque congregationem sibi ultra flumen occurrere. Illi autem ignari futurorum alacriter jussis comitis obaudiunt. Cumque cuncti adunati fuissent, pręcepit ut qui cum abbate

---

1. Ce petit village, sur la Marne, à proximité de Saint-Maur-les-Fossés, mais sur la rive gauche, ne seroit-il pas *Joinville-le-Pont* (Seine, arr. Sceaux, cant. de Charenton-le-Pont) ? Seul, il répond aux indications de notre auteur.

Maiolo manere in cęnobio voluissent ejusque jussis in omnibus obędire, liberam haberent licentiam revertendi; qui vero nollent, abirent quo vellent. Illi autem tristes admodum effecti, utpote[a] omni humano destituti auxilio, magis elegerunt vias cordis proprii appetere quam cum abbate vel monachis sibi innotis ad ęcclesiam redire. Nemini enim licuit ex his quę habebant secum quicquam deferre, exceptis indumentis quibus induti erant. Abbas autem Magenardus, quia ut diximus nobilis progenie erat, — ex sanguinitate enim Ansoaldi Divitis[1] Parisiacę civitatis existebat, — in cęnobio Sancti Mauri quod Glannafolium[2] dicebatur transmissus est, ut ibidem pastor fratrum illic degentium existeret. Qui, quandiu vixit, in eodem loco conversatus est. Quo defuncto, ante vultum crucifixi Domini in ęcclesia corpus ejus sepultum est.

IV. Sanctus igitur Maiolus sepefatum locum cum suis suscipiens monachis, districtionem regularis ordinis districtę observare cępit, ut omnino nichil prętermitteretur ex his quę sancti Benedicti pręcipit regula. Cumque regulariter intus et exterius cuncta ibidem peragerentur, ac sollicite omnia, ut possibile erat, emendata fuissent, accedens ad Hugonem Francorum regem exoratus est ut victus alimo-

a) BC ut pote.

---

1. Un certain nombre de diplômes royaux portent la souscription d'Ansaud le Riche, de Paris : entre autres, deux donations du roi Robert à Saint-Magloire. (Pfister, *Etudes sur le règne de Robert le Pieux*, XLVIII et LXII. — R. de Lasteyrie, *Cartulaire général de Paris*, I, 100-101). La signature de Bouchard figure à côté de celle d'Ansaud : habitant la même ville, les deux conseillers royaux devinrent promptement amis : en 988-989, le comte épargne Ménard, parent de son ami, en lui laissant le prieuré de Glanfeuil ; en 1006, Ansaud assistera à la cour plénière de Corbeil où le vieux comte dictera ses dernières volontés. (Voir *Introduction*, XVIII).

2. Glanfeuil ou Saint-Maur-sur-Loire, aujourd'hui dans le Maine-et-Loire, arr. Saumur, cant. Gennes, comm. Le Thoureil.

niam servorum Dei sub eo conversantium multiplicando adaugere dignaretur. Cujus preces rex benigne suscipiens, adhortante eum comite Burchardo, contulit ęcclesię Fossatensi[1] villam[2] quę dicitur Mansiones[3], cum ęcclesiis et cum cunctis sibi adjacentiis, sitam in Parisiaco, inter Sequanam et Matronam, sicut ipse eam regali jure habere videatur. Facto itaque testamento, monogramate firmatur et in eo sigillum regalis majestatis a Ragenaldo cancellario, filio comitis, postea Parisiorum pręsule, imponitur, anno incarnati verbi DCCCC (nongentesimo) LXXX (octogesimo) VIII^vo [a][4] sub die X°II° [b] kalendarum juliarum, perpetuoque in eodem monasterio conservatur. Ob hoc ętiam dies obitus ipsius regis VIIII (nono) kalendarum novembrium[5] usque hodie in ipso monasterio sollempniter cęlebratur. His igitur ita peractis, sanctus pater Maiolus ad propria regredi accelerabat[6]. Committens ergo locum cuidam religioso viro, nomine Teutoni, quem de Cluniaco secum cum ceteris adduxerat, ipse unde venerat reversus est.

a) C nongentesimo octogesimo octavo. — b) BC XII°.

---

1. Le diplôme portait : « Maiolo et congregationi ejus » expression équivoque dont les moines de Cluny auraient pu se servir pour réclamer Maisons. Eudes l'a remplacé par une expression plus claire, décisive : « contulit ec- « clesie Fossatensi. »

2. En marge du latin 12618, f° LXXXII, col. 2, l'annotateur du XIV° siècle analyse ainsi la donation : « Quomodo rex Hugo dedit ecclesie Fossatensi « villam que dicitur Mansiones. »

3. Maisons-Alfort, Seine, arr. Sceaux, cant. Charenton-le-Pont. Le diplôme original de la donation existe encore aux Arch. nat. sous la cote K. 18, n° 1 (publ. dans les *Cartons des Rois*, de J. Tardif, n° 237, p. 149.

4. Le diplôme est en réalité du 20 juin 989, deuxième année du règne, seconde indiction. L'année de l'Incarnation a été ajoutée par Eudes qui s'est trompé dans son calcul. (Voir l'*Introduction*, XXVII).

5. Hugues Capet mourut en effet le 24 octobre 996. L'indication donnée par Eudes concorde avec la date fournie par la Chronique de Saint Denis. (*Recueil des Histor. de France*, X, 297. — Pfister, *Études sur le règne de Robert le Pieux*, 50, note 2).

6. S. Mayeul était de retour à Cluny en décembre 989 : à cette date, il conclut un acte d'échange avec un clerc nommé Eldin. (Al. Bruel, *Recueil des chartes de l'abbaye de Cluny*, n° 1809, t. III, p. 60).

V. Post multum vero temporis, dum sanctus vir Maiolus in Galliam reverti differret, defuncto jam inclito rege Hugone[1], cum pię memorię Robertus rex, filius ejus, regnum suscepisset, consilio et hortatu comitis, eidem Teutoni donum abbatię isdem rex dedit eumque abbatem ordinare pręcepit. Quod cum ad aures Cluniensium pervenisset, valde tristes effecti sunt quia cupiebant sibi ipsum locum ad cellam redigere[2]. Ordinatus autem prędictus vir ad honorem regiminis magno studio conabatur onus susceptum ęquo disponere moderamine ac ęcclesiam sibi commissam summo sublimare honore. Parietes enim ipsius aulę qui ab antiquis fuerant constructi, nimia jam vetustate erant consumpti. Quod idem pater cernens eamque meliorando restaurare cupiens, omne ędificium illius solotenus evertit atque aliam majoris amplitudinis et excellentiori dignitate conspicuam, Deo sibi auxiliante, construxit[3]. Deinde duo signa[4] preciosa, nomen suum uni imponens, ad honorem Domini facere pręcepit. Hęc itaque et multa alia ipse Deo dignus abbas bona in eodem loco operatus est opera.

Venerabilis autem comes, de salute suę animę valde sollicitus, sancto eum Spiritu adhortante, contulit dilectę sibi

---

1. Erreur. Hugues Capet († 24 oct. 996) survécut à S. Mayeul († 11 mai 994).

2. Le terme employé par Eudes est impropre : les abbés de Cluny ne voulaient pas réduire en simples prieurés, obédiences ou celles, les abbayes qu'ils réformaient : ils se contentaient d'y placer des coabbés (coabbates) ou vice-abbés (proabbates) qui restaient en relations avec Cluny. (Mabillon, *Annales ordinis sancti Benedicti*, IV, 58).

3. Eudes est en contradiction avec le *Sermo de mirabilibus gestis sive de translatione corporis sancti Mauri* (Bibl. nat. ms. lat. 3778, f°s 165-173), antérieur à la *Vita Burchardi* ; le *Sermo* fixe à 1030 l'achèvement de l'église neuve des Fossés « ...presidente in hoc cœnobio religioso Odone abbate « anno XI, a quo tam a precessore ipsius eodem nomine vocitato a fundamen- « tis cepta... est. » Teuton n'aurait donc pris aucune part à la reconstruction de l'église.

4. En marge, de la main de Dom Du Breul : « id est campanas ». Eudes ne nous dit malheureusement pas de quelle façon furent faites les deux cloches. Le terme « preciosa » indiquerait peut-être qu'elles étaient en fonte ?

ęcclesię sanctęque matri Domini Marię ac apostolis ejus Petro et Paulo necnon et venerabili Mauro confessori res possessionis suę quę pręciose sibi esse videbantur. Helisabeth quoque comitissa, sociali conjugio illi juncta, cum Ragenaldo suo filio, jam pręsule urbis Parisii effecto, talis facti assensores et desiderii sui participes extiterunt. Accedens ergo ad regis pręsentiam, exoratus est ut, regali more, hoc et ipse annueret testamentumque suę auctoritatis juberet fieri ac suo signo muniri, quatinus per futura tempora eisdem rebus prędictum frueretur monasterium et ejus memoriale in orationum precatibus semper haberetur. Hortante itaque regis clementiam ejus genitrice Adelaide ac ejus conjuge regina Berta, quę a tanto poscebantur viro libentissime annuit. Dedit itaque sepedictus comes Burchardus[1] ęcclesię Fossatensi[2] has possessiones de rebus suę proprietatis villam videlicet quę Nobiliacus[3] dicitur, in episcopatu Parisiacensi super flumen Maternę sitam, cum[4] advocatione et vicaria, cum ecclesia et altare et cum omnibus quę ad ipsam aspiciunt. Item in eodem pago, in comitatu Corboilensis[a] castri, in villa quę vocatur Licias[5], mansum Algardis cum omnibus ad

a) BC Corboliensis.

---

1. En marge du lat. 12618, fº LXXXIII, col. 1, annotation du XIVe siècle : « Quomodo comes Bucardus dedit ecclesie Fossatensi Nobiliacum, et Seiam, « et Curuciacum, et mensum Algardis. »

2. Eudes se borne à paraphraser l'acte de donation. (Le diplôme original du 19 avril 998 existe encore : il est aux Arch. nation. sous la cote K 18, nº 2⁴ : publ. dans J. Tardif, *Cartons des rois*, nº 241, p. 151. — Voir Pfister, *Études sur le règne de Robert le Pieux*, LXV, nº 14 ; la bibliographie relative à ce diplôme y est donnée.)

3. « Nobiliacus », Neuilly-sur-Marne, Seine-et-Oise, arr. de Pontoise, cant. Gonesse. — Dès le IXe siècle, l'abbaye de Saint-Maur prélevait des redevances à Neuilly. (Polypt. Fossatense, art. 23, dans Baluze, *Capitul.*, II, col. 1391.)

4. J'imprime en petit texte toutes les parties empruntées textuellement par Eudes au diplôme de donation : l'auteur a précisé le plus souvent la situation des biens concédés. Ses indications sont précieuses pour la topographie du Parisis.

5. Lisses, Seine-et-Oise, arr. et cant. Corbeil. « Mansum Algardis » Montaugar, comm. Lisses.

llum pertinentibus. In Wastinensi quoque pago, in comitatu Nantonensi atque in episcopio[a] Senonensis urbis, prędium juris sui quod nuncupatur Seia[1], cum advocatione et vicaria atque ecclesia et cum cunctis quę ad ipsum aspiciunt. In comitatu etiam Milidunensi, alodum qui vocatur Curciacus[2], cum advocatione et vicaria et cum omnibus ad eum pertinentibus. Hanc ergo suę sanctę devotionis voluntatem plurimi Francorum videntes et audientes erga eundem locum et ipsi ex propriis rebus multa conferebant; inter quos vicecomes Milidunensis castri[3], nomine Joscelinus[b 4], exoratus est Deo devotum comitem ut ei ęcclesiam que sita est in vico qui Nosiacus Siccus[5] dicitur, quam de ejus beneficio possidebat, Deo et sanctis ejus concedere dignaretur. Comes vero gaudio repletus et hoc ipsum libenti animo concessit. Ipse quoque vicecomes cingulum militię pro Christo deponens, in eodem cęnobio monachus postmodum est effectus atque dignę finem suę complens vitę ibidem obiit sub die x°IIII°[c] kalendarum aprilium[6]. Super his ergo omnibus, inclitus rex Rotbertus[d] auctoritatis suę[7] [preceptum] fieri jussit traditionemque abbati Teutoni seu reliquis monachis fecit et pręfatę ęcclesię munificentię suę pręcepto confirmavit,

a) BC episcopo. — b) C Josselinus. — c) C XIIII°. — d) BC Robertus.

1. Sise en Gâtinais, comté de Château-Landon, et diocèse de Sens, « Seia » serait, d'après Dom Bouquet, Sceaux, aujourd'hui dép. Seine-et-Marne, arr. Fontainebleau, cant. Château-Landon.
2. « Curciacus » a été identifié avec Courceaux, Seine-et-Marne, arr. et cant. Melun, comm. Montereau-sur-Jard ?
3. En marge du lat. 12618, f° LXXXIII, col. 2, annotation du XIVe siècle : « Quomodo vicecomes dedit ecclesiam de Noisiaco Sicco ; postea idem monachus est effectus. »
4. En 998, Josselin (dans le diplôme « Goscelinus ») est vicomte de Melun : en 1006, un Josselin est vicomte de Melun (Tardif, *Cartons des rois*, n° 247, p. 156.) Il faut admettre que ce sont deux personnages différents, car en 999, le vicomte s'appelait Gautier (*Introduction*, XVI). Peut-être aussi la fonction de vicomte était-elle temporaire ?
5. Noisy-le-Sec, Seine, arr. St-Denis, cant. Pantin.
6. Le 19 mars.
7. Dans le lat. 12618, f° LXXXIII, col. 2, en marge, annotation du XIV° siècle : « Confirmacio regis. »

per quod prȩcepit jubens ut usque in finem sȩculi cȩnobite illius loci hȩc omnia tenerent atque pleniter possiderent; nullusque rex, nullus episcopus, nullus comes aut ulla mortalis potestas illas res disponere, aut in sua potestate quicquam horum decernere aut delegare presumeret, sed perpetua soliditate in ipsorum jure consisterent disponendi atque faciendi ad utilitatem loci quicquid elegissent. Ut vero ipsius preceptionis atque roborationis edictum per cuncta evi tempora inviolabilem obtineret firmitatis vigorem, more regali, manu propria confirmavit et anuli sui impressione insigniri jussit. Quod Rogerius cancellarius devote peregit, qui postea, Deo concedente, ad honorem pontificatus in urbe Belvacensi[1] sublimatus est[a]. Acta sunt autem hȩc in civitate Parisius[2], anno incarnati verbi
nongentesimo nonagesimo
DCCCC XC VIIIvo [b][3], anno vero regni Rotberti[c] regis x°, sub die x°III°[d] kalendarum maiarum.

a) B subimatus, dans C1 de sublimatus a été ajoutée après coup. — b) C nongentesimo nonagesimo octavo. — c) BC Roberti. — d) C XIII°.

1. Lorsque Renaud de Vendôme devint évêque de Paris, Roger lui succéda comme chancelier de Robert le Pieux : il occupa cette dignité de 991 à 1002. En 1002, Roger fut promu à l'évêché de Beauvais.

2. Le diplôme de Robert contient en outre cette souscription : « Ego « Johannes sanctȩ catholicȩ et apostolicȩ ȩcclesiȩ prȩsul hoc scriptum propriis « manibus corroboravi et nostrum sigillum subter imponere jussi. Si quis autem, « quod non credimus cum quacumque occasione violare temptaverit, sit excom- « municatus atque maledictus et a communione ȩcclesiȩ sequestratus. Amen. » C'est une interpolation postérieure à 1058 puisqu'elle n'est pas mentionnée dans la *Vita Burcardi :* l'écriture est du début du XIIe siècle, elle est identique à celle d'une bulle fausse de Jean XVIII, pour Saint-Maur (3 déc. 1006, Arch. nat. L 220); et le « Johannes, presul » du diplôme de Robert n'est autre que le Pape Jean XVIII dont un moine a imaginé la souscription. La bulle fausse a été fabriquée avant 1137, puisque à cette date une bulle authentique d'Innocent II confirmait l'abbaye des Fossés dans ses possessions et rendait inutile la confection d'un faux acte de confirmation. (Arch. nat., LL. 58, pièce XXI). L'interpolation du diplôme de Robert aurait donc été faite entre 1058 et 1137.

3. En marge du lat. 12618, f° LXXXIIII, col. 1, annotation du XIVe siècle : « Actum anno nongentesimo nonagesimo octavo ».

VI. Fuit etiam ipsis diebus miles quidam egregius, potentiis et divitiis seculi valde sublimis venerandoque comiti fidelis, nomine Ermenfredus[1], fideliter Deo complacere desiderans. Hic itaque, pavore ęterni supplicii perterritus et exemplis jamdicti viri religiose animatus, retulit ei multum locum sibi commissum diligere ac de propriis possessionibus se velle in eo largiri. Deprecatus est itaque eum quatinus villam quam de ejus beneficio tenebat, quę Licias[2] appellatur, ęcclesię Fossatensi daret, ita ut ętiam prędium suę possessionis, quod Aivreum[3] dicitur, spontanea voluntate simul tribueret. Ille vero qui obtabat[a] ut cuncti milites Francorum similia peragerent, liberam illi dedit facultatem dandi quicquid ejus animo placitum fuisset. Veniens itaque ad sibi dilectum pre ceteris locum cum sua conjuge, quę Ermensendis dicebatur, innotuit religioso Teutoni abbati ac ceteris fratribus sui cordis secretum. Qui, gratias Deo agentes, in suis orationibus predictos conjuges suscipiunt; sicque familiares Dei servorum effecti sunt atque locum suę tumulationis post resolutionem corporum acceperunt.| Dederunt ergo ibidem prędium superius nominatum Ayvreum, super fluvium Sequanę situm, distantem a castro Corboilo miliario et dimidio[b], ęcclesiam quoque et vicariam et advocationem cum omnibus ad eum pertinentibus. Simili ętiam modo, donationem fecerunt de villa jamdicta quę vocatur Licias, in prędicto pago sitam, distantem a castro miliario et dimidio, quam[4] de beneficio Burchardi comitis et filii ejus, honore pontificali precluenti,

a) C optabat. — b) C domidio.

1. Ermenfroi vivait encore en 1006 ; il souscrit à l'acte fait le 1er mai 1006 par Bouchard le Vénérable. (Tardif, *Cartons des Rois*, p. 155-156).
2. Lisses, Seine-et-Oise, arr. et cant. Corbeil.
3. Evry, Seine-et-Oise, arr. et cant. Corbeil.
4. La partie en petits caractères est textuellement empruntée au diplôme du roi Robert du 26 octobre 999 qui confirme la donation de Lisses et d'Evry : tout le récit du reste dérive du diplôme. (Original aux Arch. nat., K 18, nº 2b. — Publ. dans J. Tardif, *Mon. hist.*, *Cartons des rois*, nº 242, p. 152 ; Pfister, nº 18.)

Rainaldi, tenebant, quorum consensu et voluntate hoc donum fecerunt pro ęternę vitę remuneratione et pro animarum suarum sive Gelonis cui successores existebant atque parentum eorum absolutione, cum advocatione et vicariorum potestate et cum cunctis quę ad ipsam aspiciunt. Donum ergo harum rerum super altare sanctę Marię sanctique Petri apostoli posuerunt, tenore tali ut annuatim recognitionem ex ipsis haberent denominatam, ambobus vero ab hac luce migrantibus, perpetuo habendas possiderent. Post hęc ętiam regis adeuntes presentiam, deprecati sunt ut hęc dona pręcepti sui auctoritate roboraret et anuli sui impressione muniri dignaretur. Ipse quoque, suę matris Adelaidis uxorisque Bertę suggestionibus, uti precatus fuerat, peregit. Conscripto itaque testamento ac monogramate regis manu facto, Franco tunc cancellarius, postea vero episcopus Parisii factus[1], imaginem[a] regis imposuit. Factum est autem hoc in prędicta urbe, anno incarnationis Christi millesimo[2], indictione XII, anno vero regni incliti regis Rotberti[b] XII° feliciter.

VII. His ita narratis, ad nostrum Burchardum reflectatur stilus. Huic ergo venerando comiti, instigante humani generis inimico, infestus atque inimicus existebat valde Odo comes[3] ejusque bonis invidebat actibus quia illum in aula regis sibi pręponi atque honorari et diligi a cunctis conspiciebat. Qua de re, seductione quadam atque traditione, castrum Milidunum ei furatus est. Quod cum didicisset, auxi-

a) C ymaginem. — b) BC Roberti.

1. Francon, chancelier de 1003 à 1017 ou 1018 (Pfister, *Études sur le règne de Robert le Pieux*, XXXII), fut évêque de Paris de 1020 au 25 août 1030.
2. Le diplôme est en réalité de 999 (Voir *Introduction*, XXVIII).
3. Eudes II, comte de Blois, de Tours et de Chartres (1004-1037), de Champagne (1019-1037).

liante sibi rege, coadunato Francorum exercitu[1], multis milibus militum circumvallavit. Cernens itaque Odo non se posse ibidem quietum manere nec eumdem castrum proprio retinere dominio, clam cum suis abiens fugiit. Burchardus vero introgressus proprium recepit castrum. Galterius itaque, cujus traditione hoc tantum nefas perpetratum est, in monte quod eidem preminet, cum sua conjuge laqueo suspensus est.

Alio quoque tempore[2], inimico pacis litisque adversario adhortante, hii duo comites in eodem pago Milidunensi denominato sibi loco bellum inter se condixerunt. Cumque ibidem advenissent pugnaque ab utrisque partibus acerrime prępararetur, prędictus miles Ermenfredus, solius tunc regis dominio subditus, suis manibus ac ejus potestati humiliter se submisit. Non enim mos erat nec est Francis in bello aliquo modo introire absque pręsentia aut jussu proprii senioris. Humiliato ergo Burchardo valde in conspectu Dei, quatinus contra hostem superbum cervicem cordis et corporis rigide erigenti victoria sibi daretur, in campum villulę cui nomen Orceiacus[3] est simul pugnaturi conveniunt. Illis itaque in acie decertantibus, Dei judicio exercitus Odonis intra semetipsum dimicans magna cede prosternitur. Burchardus vero in Domino fiducialiter confidens super hostes irruit, multisque milibus interfectis, victoria illi de cęlo tribuitur. Videns quoque Odo multum suum exercitum minui valdeque occisum per campi planitiem jacere nec illa die se pęnitus posse victorem existere, pavore valido tremefactus valdeque

---

1. Cette guerre eut lieu en 999. (Voir *Introduction*, xvi). Le récit de la *Vita Burcardi* concorde complètement avec celui des chroniqueurs contemporains.

2. Erreur. Après le siège de Melun, la guerre continua entre les deux grands vassaux, Eudes et Bouchard. Bouchard recruta des alliés, entre autres Ermenfroi ; il vainquit son adversaire ; et la donation de Lisses et d'Evry à l'abbaye des Fossés semble avoir suivi de près la bataille ; elle est, rappelons-le, du 26 oct. 999.

3. Eudes de Saint-Maur est le seul chroniqueur qui relate cette bataille d'Orsay (Seine-et-Oise, arr. Versailles, cant. Palaiseau).

effectus confusus, timebat minime inde evadere; sed latenter auxilium fuge citissime petiit[1]. Sic itaque Deo fidelis comes victor existens, laudans cum suis Dominum ad propria cum gaudio revertitur.

VIII. Religiosus denique abbas Teuto, jejuniis et orationibus vigiliarumque pernoctationibus assidue intentus, Deo semper placere fideliter desiderabat. Cum ergo in loco sibi commisso arduam, ut cupiebat, vitam, ob pastoralis custodie curam, minime servare posset, Remensis urbis pagum ad habitandum sibi elegit. Habetur siquidem illuc quedam possessiuncula, quam gloriosus rex Karolus Calvus ęcclesię Fossatensi abbatique venerando Godefredo[2], refugii causa, propter Nortmannorum persecutionem, dedit, in qua ętiam corpus Sancti Mauri[3] multis annis reverenter traditur conservatum. Illuc ergo jamdictus abbas, arduam pro Christo peragens vitam, multo tempore conversatus est. Quo pergens ibidemque permanere desiderans, baculum curę pastoralis, per sui servitii ministrum, nomine Walterium, quem ipse in Domini timore nutriverat, fratribus transmisit, mandans ut sibi, secundum Christi voluntatem, dignum pastorem eligerent. Hoc ergo cęnobitę audientes, valde mirati atque tristes effecti, comiti pręcipuo ac ejus filio Parisiorum pręsuli Rainaldo protinus studuerunt innotescere. Illi autem hęc omnia regis auribus innotuerunt.

---

1. Pour Eudes II, la fuite était devenue une habitude. A Melun, à Orsay, à la Tuile, ce fut le premier qui tourna le dos à l'ennemi. (Guillaume de Jumièges, V, 10, *Recueil des Historiens de France*, X, 187-188).
2. Charles le Chauve donna en effet aux moines de Saint-Maur-les-Fossés un manse seigneurial sis à Fleury, dans le comté de Reims (Fleury-le-Petit, Marne, arr. Reims, cant. Verzy, comm. Sermiers), ainsi que plusieurs manses libres ou serviles. (Orig., Arch. nat., K, 13, n° 12[3], publ. dans Tardif, *Cartons des rois*, n° 195, p. 127.) Les moines des Fossés s'y réfugièrent en emportant les reliques de Saint Maur renfermées dans une arche de fer.
3. Ces reliques avaient été apportées aux Fossés par les religieux de Glanfeuil, fuyant eux-mêmes devant l'invasion des Normands. (Bibl. nat. lat. 3778, f° 119, publ. dans les *Acta Sanctorum*, Janv. I, 1051).

Venerabilis autem pater Teuto in jamdicta villa[1] multis diebus commoratus, in jejuniis et orationibus atque in cunctis bonorum operum exhibitionibus, in quantum homini mortali possibile fuit, Deo sibi opem ferente, solitariam peregit vitam. Postmodum vero cupiens locum sibi commissum fratresque quos reliquerat revisere[a], usque ad Novigentum[2] prope monasterium pervenit. Ibidem ergo figens gressum, mandat[b] fratribus se adesse atque ad eos se velle venire. Quod multi audientes hanc ejus desiderii devotionem prohibuerunt, dicentes suo loco jam abbatem suscepisse nec debere eum recipi quia animarum curam pęnitus reliquerat. Cum autem ipsi Dei servo hoc nunciatum fuisset, valde mestus efficitur, ignorans quid agere aut quo se vertere deberet Tandem meditatus in corde suo, confortante illum Domino qui sperantes in se non deserit, salubre consilium repperit. Nam repente ad Cluniacum, sui cęnobii locum, rediit ; ibique duos abbates[3] qui post ipsum in sibi commisso loco ordinati sunt supervixit atque in sancta conversatione ut cęperat permansit. Nemo enim illorum diu vivere potuit quin, Domini disponente judicio, potestatem regiminis non nisi quinque annis tenuerunt. Completo autem termino qui preteriri non potest, ibidem feliciter obiit, sub die iduum septembrium[4]. Ad cujus sepulchrum, ut referre audivimus, multi infirmi postea sanitatem receperunt.

IX. His[c] ergo ita narratis, ad ea quę omissa sunt reflectatur stilus. Audito itaque rex quod taliter pater Teuto locum

a) BC revissere, l'un des s légèrement poncé dans B. — b) BC mendat. — c) C Hiis.

1. Fleury (voir p. 20, note 2).
2. Nogent-sur-Marne, Seine, arr. Sceaux, cant. Charenton-le-Pont.
3. Thibaut et Hildebert.
4. 13 septembre.

fratresque reliquisset, tractare sollicite cum venerabilibus viris, Burchardo scilicet atque Rainaldo[a] prȩsule, cȩpit, quomodo, ex Domini voluntate, ipsum locum ordinare possent. Qui, sollerti industria commoniti, filium Haimonis comitis, fratrem ipsius episcopi, nomine Teodebaldum[1], qui jam cȩnobio Cormaricensi prȩerat, ad se venire prȩcipiunt. Cui rex donum abbatiȩ dedit eumque patrem monachorum fore constituit, quia et ipse ex Cluniacensibus erat atque sancti patris Maioli institutione edoctus fuerat.

Nobilitate autem hujus mundi sublimis comes non solum in loco de quo sermo agitur, verum ȩtiam per multa monasteria regni Francorum multa bona[2] contulit ; inter quȩ cȩnobium Sancti Petri Milidunensis, quod Siguinus archiprȩsul Senonensis ȩdificari cȩperat, propriis muneribus ditare[3] studuit.

Erant autem et in aliis pagis plurima ei castra, ex quibus Vendocinum et Lavarzinum[4] et Montem Aureum proprio retinebat dominio, exceptis aliis, quorum nomina michi innota existunt et quȩ multi milites beneficii et fidelitatis gratia ab ipso possidebant.

a) C Raynaldo.

---

1. Thibaut, fils du comte Haimon de Corbeil et d'Elisabeth, était frère utérin de l'évêque de Paris Renaud, fils de Bouchard et d'Elisabeth. En 977, il succéda à Daniel comme abbé de Cormery ; il lutta vigoureusement contre le comte d'Anjou, Foulques Nerra, qui menaçait les domaines de Cormery. (Bourassé, *Cartulaire de Cormery*, introduction historique, XLIX-LII ; publ. dans la *Soc. Archéolog. de Touraine*. t. XII, 1861). Thibaut, à la demande de son beau-père Bouchard, fut transféré à Saint-Maur-les-Fossés ; en mai 1006, il exerçait les fonctions d'abbé. (Arch. nat., K, 18, n° 2[3]). Il mourut moins de cinq ans après. (Voy. plus haut p. 21).
2. *Introduction*, XV.
3. *Ibid*.
4. Les *Gesta Ambasiensium dominorum* contredisent la *Vita Burchardi* : Lavardin et ses dépendances auraient été la propriété de Hugues, filleul d'Hugues Capet. (*Recueil des Histor. de France*, X, 238-239). Mais la chronique d'Amboise a été écrite vers 1153 : Eudes écrivait cent ans auparavant et son témoignage est le seul véridique, car il s'appuie sur un acte authentique (V. *Appendice*, p. 35).

Statuit denique decretum ut quicumque fidelium suorum ex suis castris vellet aliquam partem terrarum ęcclesię Fossatensi tribuere, liberam haberet licentiam dandi, absque jussione suorum successorum, quicquid animo libuisset[1]. Quod a quibusdam servatum, postea multa nobis largiti sunt.

Dederat autem cuidam suo pręposito nomine Badoni ac duobus ipsius heredibus quoddam benefitium[2], taliter ut diebus suę vitę censum ipsius monasterio persolverent, — id est LXX^ta duos nummos, — illis vero ab hac luce subtractis, ipsam terram perpetuo cęnobite possiderent. Sed jamdicto viro obeunte, filius ipsius, Alrannus[a] nomine, qui primus heres extiterat cujusque nomen in carta continebatur, accedens ad Odonem qui postmodum loco pręfuit[3], accepto precio super altare Sancte Marie eandem posuit cartulam atque cuncta quę in ea descripta erant abbati ac monachis tradidit. Sunt autem ipse res non magnę sed admodum parve, site in Parisiacensi pago non longe a castello Corboilo, sed[b] in circuitu ejusdem castri, hoc est: in villa quę vocatur Licias villulam quę dicitur Burgunnaria, eo quod inibi Burgundiones habitaverunt[4], ubi habetur silva cum terra arabili. Item prope castrum, farinerium quod vocatur Toliva[c], cum dimidio aripenno terrę ad edificandum si fuerit opus. In ipso quoque loco, ali-

a) BC Alraunus. — b) C set. — c) AB Tolvia.

1. L'orig. de cet acte subsiste ; c'est une autorisation, datée du 1er mars 1006, donnée par Bouchard, comte de Corbeil et Renaud, évêque de Paris, à tous ceux qui tiennent d'eux quelques fiefs, d'en donner une partie à l'abbaye des Fossés, « absque scitu et assensu dominorum de quibus videntur possidere. » (Arch. nat., K 18, n° 2[a] Tardif, *Cartons des rois*, p. 155.) — V. *Introduction*, XVIII.

2. Ce qui suit est emprunté en grande partie à un diplôme du roi Robert daté du 13 mai 1029 confirmant la donation du comte Bouchard (Orig. Arch. nat. K 18, n° 6[5] ; Tardif, *Cartons des rois*, p. 162 ; Pfister, n° 85).

3. Eudes ou Odon II avait succédé en 1019 ou 1020 à Eudes ou Odon Ier, comme abbé de Saint-Maur-les-Fossés. En juillet-octobre 1030, il était dans la onzième année de son abbatiat. (Bibl. nat., ms lat. 3778, f° 173 r°).

4. Le nom de cette localité, qui ne paraît pas s'être conservé dans la nomenclature actuelle, ne figure pas dans le diplôme du roi Robert.

quantulum de terra Sancti Stephani. Cetera vero sunt, id est : contra castellum Sancti Exuperii [1], et in Vinion [2], et in Veteri Corboilo, et in Ateias [3], et in Sesiaco [4], atque in Sintrio [5]. Quę qui cuncta noscere cupit, in cartula sive in testamento Rotberti [a] regis, quod anno incarnati verbi millesimo xx° viii° [6], anno vero regni sui xl primo, factum est, aperte repperire valebit.

X. Eo igitur tempore, dum Francorum regnum obtima [b] pace a Rotberto glorioso rege gubernaretur et ęcclesia Dei pacis concordia repleretur, subito idem regnum maligna conturbatur adversitate. Unde accidit ut quidam hujus sęculi ventosa nobilitate predives, Arnulfus vocitatus, comitatus officio insignitus, contra domnum Rotbertum insurgeret et cuncta quę ejus ditioni subjecta fore videbantur incendio concremaret et ea mala quę inferre poterat in omnibus adhiberet. Qua discordia pręvalente et diaboli sevitia preeunte, cęnobium Sancti Walarici adiit incendio cuncta quę valuit concremavit atque ipsum corpus confessoris Christi proprio dominio subdidit [7]. Qua de re tristitia magna repleti monachi, tanto carentes patrono, celeri gressu regem Francorum adeunt, poscentes ut eis succurrere dignaretur.

a) BC Roberti. — b) BC optima, le copiste de B avait d'abord écrit obtima, puis il a corrigé b pour p.

1. Le château de Saint-Spire. Au xe siècle, le comte Haimon avait construit une église du même nom à Corbeil.
2. Vigneux ?. Seine-et-Oise, arr. Corbeil, cant. Boissy-Saint-Léger. — L'édition de la *Vita* dans le *Recueil des Histor. de France*, X, 356, porte : « in Juniori et in Veteri Corboilo : » mauvaise leçon ; le diplôme et les mss. de la *Vita* ont : « in Vinion ».
3. Athis, Seine-et-Oise, arr. Corbeil, cant. Longjumeau.
4. Soisy-sous-Etiolles, Seine-et-Oise, arr. et cant. Corbeil.
5. Saintry, Seine-et-Oise, arr. et cant. Corbeil.
6. Erreur de copiste pour 1029, date que porte le diplôme.
7. En réalité, Arnoul Ier le Vieux, comte de Flandre, acheta le corps de S. Valery à un moine de l'abbaye, Herchembold, et le fit transporter à Saint-Bertin (948 et 29 août 962) (F. Lot, *Les derniers Carolingiens*, 117.)

Qui eis prȩsentiam sui exhibere non valens, domnum Burchardum exorando deprecatur ut eis sua vice succurreret et eis corpus sanctum quo valeret juvamine reddere faceret. Venerandus vero Burchardus comes illuc adveniens, de Dei gratia corde confidens, comitem Flandrensem adiit; regia profert verba et eum exorando deprecatur quatinus confessoris Christi menbra, quod iniqua cupiditate sustulerat, voluntate et misericordia Dei preeunte[a] solo restitueret proprio[1]. Qui ejus precibus assensum prebens pacem fecit cum rege et Francis, et quod a tanto comite petebatur celeriter adimpletur. Cumque venissent ad fluvium qui Summa dicitur et inde transire vellent, repente mare cernunt inundasse et viam sancto corpori comitique Burchardo et ceteris qui cum eo erant denegare. Tunc comes qui bajulus sancti corporis erat, cunctis audientibus et Deum tota mente exorantibus, dixit : *Domine Jhesu Christe, si misericordia voluntatis tuȩ existit ut corpus hujus sancti tui proprio restituatur cȩnobio, jubeat nobis hoc fluvium maris clementia tuȩ bonitatis dividere et viam hujus itineris clementia tua nobis pandere non dedignetur, quatinus hȩc plebs tuo nomini serviens ad laudem gloriȩ tuȩ et ad honorem hujus sancti tui corde devoto munia[b] laudum lȩta cordis exultatione persolvere valeat.* Ad hanc vocem servi Dei et precibus sancti sui exoratus Dominus, subito ȩquoreum mare ita divisum est ut baiuli sancti corporis et cunctus populus, laudando et benedicendo dominum Deum cum summa laudis devotione, illud ȩquorum maris periculum, siccis vestigiis absque ullo maris periculo, pertransiret. Ex quo facto illud Dominus reiterare dignatus est miraculum quod per Moysen[c] famulum suum,

a) C preunte. — b) B muniora. C munora. — c) C Moysem.

---

1. Eudes de Saint-Maur a une vague connaissance de l'expédition de Hugues Capet contre Arnoul II le Jeune, comte de Flandre et de la translation des reliques de Saint Valery (2-3 juin 980). (F. Lot, *Les derniers Carolingiens*, 117, et *Introduction*, xi.) Mais il confond les dates et les personnes.

fugientibus filiis Israel [1], per medium mare operari dignatus est. Illud quoque cęnobium multis prędiorum suorum possessionibus ditatum reddere cupiens, multa intrinsecus et extrinsecus ob suum perpetuum memoriale largiendo contulit [2]. Unde ętiam ibidem dies anniversarii ipsius sollempniter cęlebratur, tanquam si illic pręsens adesset corpore. Qui ętiam testando profitentur, si possibile esset, ut apud illos corpus illius haberetur, — quod fieri non valet, quia hoc voluntate Dei placere non confidimus, — tamen illius venerandum corpus poneretur quatinus quem honorificare studuit in terra cum ipso quoque a Christo honorificaretur in cęlo et in terra.

XI. Sed his [a] omissis, ad nostrum Burchardum reflectamus articulum, ac qualiter ad sacrum ordinem accesserit et ad Christum postmodum pervenerit auxiliante Domino vertatur stilus, et cunctis hoc ignorantibus nostra oratione manifestaque ratione cunctis demonstretur mortalibus. Diebus igitur prędicti abbatis [3], miles invictus Deo devotus comes Burchardus in infirmitatis languorem decidit. Sed quoniam omnis filius qui recipitur a Deo misericorditer flagellatur, desiderans inveniri vigilans, animę suę custos pervigil existere cupiebat. Protinus enim militia sęcularis contempnitur, monachilis vita appetitur, cęleste regnum toto mentis intuitu concupiscitur. Formidans ergo mortis periculum se minime posse evadere, accepto auro et argento palliisque et multis monasterialibus ornamentis, in constructo et ędificato a se loco monachilia indumenta requirit et accipit. Fit luctus ingens ab omnibus Francorum proceribus, a monachis, a

a) C hiis.

1. Ps. 113, etc.
2. V. *Introduction*, XVIII.
3. Thibaut.

clericis, a viduis, a cunctis ordinibus utriusque sexus et ętatis, eo quod ipsorum patronus eos desereret quos affabili consilio dulcissimo alloquio[a] confortare solebat. Plangunt cuncti milites, lamentantur universi pauperes, quoniam consolator miserorum, sublevator afflictorum, cunctorum militum spes et refugium ab eorum subtrahebatur aspectibus et ipsi pręsidium totius suę salutis et consolationis amittebant.

At contra cęnobite Christi servi, licet de ejus incommodo tristarentur, gaudebant tamen quoniam tam egregius miles, comitali honore pręfulgens, secundum Domini preceptum cuncta relinquebat ejusque jugum suave et onus leve mente devota suscipiebat. Deferuntur itaque inter cetera ipsius ornamenta vasa plurima, aurea et argentea, ęrea et lignea, candelabra quoque pręciosa, quę omnia ut dignum erat ad sanctę ęcclesię seu sancti altaris ministeria deputantur. Inter hęc ergo, duo vasa pręciosa ad limpham fundendam sive recipiendam in sacerdotis manibus; quorum unum manipulum[1] vocamus, eo quod manu geritur, in quo ętiam litterę habentur quę Abgari[b] regis[2] ad sanguinem minuendum eum fuisse testantur : in ipso quoque, ipse rex cum se fleotomante[3] alioque sibi serviente ex precioso puroque auro cernitur imaginatus[4], tamque preciosum ac decorum vas in hac

a) BC aloquio. — b) C Abagari.

1. Du Cange, dans son *Glossaire*, ne cite que cet exemple de « manipulum » employé dans le sens d'aiguière.

2. Abgar V Oukâma ou Le Noir, roi d'Edesse (15-30 ap. J.-C.), souffrant d'une maladie incurable, la lèpre ou la goutte, aurait écrit à Jésus-Christ de venir le guérir. Le Sauveur lui aurait répondu. (K. Matthes, *Die edessenische Abgarsage auf ihre Fortbildung untersucht*. Leipzig, 1882, 8° bl. 34. — *Journal asiatique*, XVIII, n° 2 (1891), 234-256). La légende, condamnée en 494 par le Concile de Rome, persista au Moyen Age. (Orderic Vital, *Libri ecclesiastici XIII* (éd. Aug. Le Prévost), I, 319 etc.)

3. Est-ce le mot *fleotomans* qui a fait supposer à l'abbé Simon (*Histoire de Vendôme, I, 9*) que le bassin d'or avait la vertu d'arrêter les hémorragies ?

4. Abgar et son médecin étaient, semble-t-il, figurés en relief au fond du vase.

patria minime dicitur inveniri[1]. Textus ętiam libri sancti ęvangelii optime litteris aureis conscriptus, auro et argento atque ebore inciso pulchre operatus, minime defuit. Aureus quoque ensis cum cingulo aureo, ex quo hoc magnum monasterium dicitur esse inceptum, a lumbis resolutus, ejus dono allatus[a] fuit. Item vas preciosum valde ex lapide quem berillum dicimus, ex quo aqua in sancto calice fundebatur, locumque quo milites exerceri solent cristallino lapide optime operatum secum detulit. Servorum quoque et ancillarum infinitum contulit numerum.

Quid plura? Nemo hac[b] mortali carne tegitur, qui cuncta ejus dona pleniter enumerare valeat. Cum ergo tam gloriosus comes innumeris in sęculo claruerit honoribus, nulli heredum, nulli amicorum, nullique suorum fidelium tanta, exceptis castris, reliquit quanta Deo sanctisque ejus in loco sibi pre cunctis dilecto pro salute suę animę contulit. Sacro igitur scemate religiose indutus, in domo sibi juxta ęcclesiam pręparata plurimis diebus infirmus jacuit. Postmodum vero suorum servorum preces pro eo semper fundentium Dominus pius placatus, convalescere cępit atque cum ceteris abire fratribus. Cum itaque sanitati redditus[c] Domino fideliter placere studeret, illi jugiter gratias referebat eumque humili mente benedicebat quod suę sanctę misericordię gratiam illi ętiam in hoc ordine conferebat.

a) C alatus. — b) C hec et. — c) BC redditur.

1. La *Vita Burchardi* nous laisse entrevoir une curieuse transformation de la légende primitive. L'abbaye des Fossés possède un vase de fabrication étrangère, un malade et un médecin y sont représentés, on croit lire le nom d'Abgar: plus de doute, c'est lui, c'est Abgar qui demande à la science humaine la guérison. Un souvenir, un objet curieux, un nom, quoi de plus? N'est-ce pas assez pour provoquer un poème au Moyen Age? Un poème, je me trompe; les jongleurs dédaigneront ce roi débile: le drame s'en empara. Le Mystère de sainte Tryphine (*Sainte Tryphine et le roi Arthur*, mystère breton publié par M. Luzel, Quimperlé, 1863, 8°), nous présente le roi Abacarus cassé, malade, atteint par la lèpre. On l'a trop saigné sans doute dans le cours du Moyen Age; de saignée il n'en veut plus, c'est le sang d'un enfant qui le guérira.

Servitium quoque sanctę ęcclesię quod, more cęnobitarum, a sęculo conversi Deo exhibere debent, ipse vir nobilissimus humili devotione peragebat. Cumque ei a fratribus diceretur ut quid[a] tam nobilis vir seculari dignitate pręcelsus et senectutis jam labore fractus, se humiliando affligere dignatur, ille respondebat : *Si,* inquit[b], *cum*[c] *militari honore sublimatus essem atque, ut dicitis, militum stipatus agmine, comitatus dignitate fulgerem, mortali regi lucerne indigenti cereum manu anteferebam, quanto magis nunc immortali*[d] *imperatori debeo servire atque ante ipsum candelabra ardentia manibus cum exhibitione humilitatis reverenter ferre.* Hoc dicens et agens, magnum de se humilitatis exemplum cunctis videntibus et audientibus proponebat.

XII. Sic itaque a Deo probatus et velut aurum preciosum igne examinatus, iterum languoris molestia corripitur atque ad extrema deducitur. Sacri igitur corporis et sanguinis Christi perceptione munitus, beatum Domino spiritum reddidit sub die IIII^to kalendarum marciarum[1]. Quo defuncto, continuo adest pręsul cum clericorum numero, abbas quoque cum monachorum agmine. Corpori persolvunt obsequia funebria, sanctam Deo commendantes animam. Fit repente clamor per urbem, per castella, per vicos et plateas ; concurrunt milites, divites et pauperes, senes et juvenes, vidue et virgines, cuncti plangentes et ejulantes, repleti dolore et miseria. Impletur Fossatus luctu et gemitu, omnisque doloris plenitudine amittens patronum et advocatum quem habere meruit defensorem et sublevatorem fidelissimum. Clamat se minime amplius talem reperturum cujus nobilitate ditetur,

a) BC qui. — b) B inquid. — c) C cum *est passé*. — d) C inmortali.

1. Le 26 février 1007, ou le 27 février, si l'on doit placer la mort de Bouchard en 1012, année bissextile.

cujus auxilio tam fidelissime muniatur, sed morsibus patere malignorum invasione diripi hostium atque cunctorum adversantium malignitate circumdari. Quod ita postmodum accidisse cunctis hodie per orbem degentibus claret.

Sepelitur igitur tam nobilis viri corporis gleba, ante vultum nostri Redemptoris, in domo ubi fratres ad matutinum et serotinum conveniebant capitulum. Studuerunt autem antiqui patres ejus mausoleum talibus decorare versiculis, quo ejus perpetuum memoriale sine fine maneret inviolabile :

Hic vir magnus erat, quondam dum corpore vixit,
Nomine Burchardus, per mundi climata notus.
Celsus erat meritis, dictis factisque modestus,
Pauperibus largus, viduis per cuncta benignus.
Ipsius en corpus, tumulo requiescit in isto.
Marcius ostendit IIII° migrasse kalendas.

Illa autem tabula sepulchri[a] ipsius ab antecessoribus nostris optime operata ac decorata fuit, atque super pectus ejus crux deaurata cum litteris alfa[b] et o superposita fuit, quam nos quoque pueritię nostrę tempore oculis nostris inspeximus : quę cuncta[c] postmodum, uti hodie patet, penitus destructa existunt.

XIII. Venerabilis quoque Helisabeth comitissa, uxor ejus, eundem locum, secundum sexus sui naturam, magnis muneribus ditare studuit, quę a seculo migrans ibidem sepulta jacet; cujus obitus dies agitur x° v°[d] kalendas febroarias[1]. Cujus ętiam poliandrum his decoratur versiculis :

a) C sepulchrum. — b) C olpho. — c) C cunta. — d) C xv°.

1. 18 janvier.

Hos placuit Domino vivos conjungere binos
Et poliandra simul jungere sic voluit.
Hoc quicumque legis, persolve carmina psalmi :
Spes ut valeant scandere regna poli.

Hęc de multis incliti comitis gestis sufficiat enarrasse[a]. Sunt denique innumera bonorum ejus operum acta, quę fastidio compellente relinquimus quia ad alia gerenda festinat animus.

XIV. Nobis ergo, fratres, sollerti studio providend[i] est ut istius viri ceterorumque benefactorum elemosinas [qu]as pro redemptione criminum suorum huic loco contulerunt taliter ante oculos Conditoris pro ipsis deserviamus, ut non, quod avertat Deus a nobis, ad ęternam confusionem proveniant. Sciendum est enim quod elemosinis bonorum virorum pręsentis vitę cursum, Deo auxiliante, transigimus; ideoque animo recondendum quod Dominus terribiliter peccatores exprobrando per prophetam clamat, dicens : *Peccata populi mei comedunt*[1].

Anniversaria ętiam horum conjugum sollempniter a servis Dei in diebus prędictis cęlebrari debent, ut animabus eorum proficiat, quod hunc pre ceteris locum dilexerunt et sua corpora ibidem tumulari voluerunt, ut a Christo Domino in die judicii resuscitari mererentur. Usque hodie enim, id est usque ad pręsentem annum qui est incarnati Verbi millesimus L[mus] VIII[vus b], anni vero regni Heinrici Francorum regis XX[o] VIII[o 2 c], hoc ipsum devote in ipsa peractum est ęccle-

a) C ennarrasse. — b) B LVIII[us], C quinquagesimus octavus. — c) CXXVIII[o].

1. Osée, IV, vers. 8.
2. Henri Ier monte sur le trône le 20 juillet 1031. La 28e année de son règne court du 28 juillet 1058 au 20 juillet 1059. La *Vita Burcardi* fut donc terminée dans les derniers mois de l'année 1058, après le 20 juillet.

sia, quod et ut in posterum fiat humiliter fatendum est. A rectoribus quoque loci sive a ministris magnopere procurandum est ut, sicut in[a] ęcclesia agi diximus, sic quoque refectio ex preciosis dapibus et pigmentis pro ipsorum spiritibus sollempni preparetur obsequio, quia, ut vulgo dicitur, *malus videtur esse labor qui victus alimoniam non tribuit*. Et ne hoc vanum cuiquam aut floccipendi videatur, abbatis Giraldi seu totius congregationis favore ac voluntate statutum est ut pro comite Burchardo qui tanta beneficia huię ęcclesię contulit, ut quisque ex presentis stili narratu noscere valet[b], provisor Nobiliaci, pro Helisabeth[c] vero Curciaci[d], pro Rainaldo pręsule Seie, pro Hugone rege Mansionum, pro Ermenfredo autem ejusque conjuge Licias et Ayvrei, pro abbatibus vero hujus congregationis provisor atque thesaurarius hujus loci diligenter absque omnis neglegentię incursu studerent perficere. Qui autem hoc decretum postmodum despicere aut destruere conaretur perpetuo excommunicationis anathemate dampnaretur.

XV. Proposueram in proemio[e] istius operis post hęc de pręsule Rainaldo aliqua disserere, quo ejus memoriale posteris notum foret; sed quia non est in potestate hominis vita ejus, multis incommodis urgentibus me, nunc hoc perficere minime libet, donec optate pacis et tranquillitatis tempus adveniat.

Gratias tamen et in prosperis et in adversis semper agamus Jhesu Christo cum Patre Sanctoque Paraclito, qui vixit et permanet unus Deus indivisibiliter per cuncta secula. Amen.

EXPLICIT VITA DOMNI BURCARDI VENERABILIS COMITIS.

---

a) C in in. — b) C valeat. — c) C Elisabeth. — d) BC Cruciaci. — e) C prohemio.

APPENDICE

COUTUMES

ÉTABLIES PAR LE COMTE BOUCHARD

A VENDOME

Dans le Cartulaire de l'abbaye de la Trinité de Vendôme, dont un fragment original est à Cheltenham sous le n° 2970 de la Biblioth. de Sir Thomas Philipps, ms. XIe siècle, parch. 40 fol. à 2 col.[1], *les Coutumes établies par Bouchard sont aux f^os* XXXVII-XXXVIII (*modernes* 25-26)[2], *acte* CIII (*moderne* 111). — *La copie de ce Cartulaire exécutée en juillet* 1849 *à Middlehill par A. Salmon*[3] *est à la Bibl. Nationale, Fonds latin* (*nouv. acq.*) 1232 : *Les coutumes y occupent les pages* 104 *à* 108.

DE CONSUETUDINIBUS BURCARDI COMITIS IN VINDOCINO.

Hae sunt consuetudines quas tenebat in suo tempore comes Burchardus in villa et in comitatu Vindocini.

---

1. H. Omont, *Manuscrits relatifs à l'histoire de France, conservés dans la Bibliothèque de Sir Thomas Philipps à Cheltenham*, dans la Bibl. de l'école des chartes, t. L, p. 216 ; et tirage à part, p. 65.
2. L'abbé Simon, dans son *Histoire de Vendôme*, I, 7, cite les coutumes de Bouchard d'après le Cartulaire de la Trinité de Vendôme, f° 37 : cette indication prouve que l'abbé Simon avait entre les mains le Cartulaire original. M. de Pétigny, en 1849, déplorait la perte du manuscrit, qu'il supposait avoir passé en Angleterre. (De Pétigny, *Histoire archéol. du Vendômois*, 126 et 152, note 3). Il avait raison : A. Salmon, l'année même (1849), retrouvait le cartulaire à Middlehill (Worcester), dans la collection de sir Th. Phillips. On sait que cette collection est aujourd'hui à Cheltenham.
3. Salmon a indiqué en marge de sa copie la foliotation de l'original.

In primis, de excubiis Castelli, sicut ipse facere commendavit ut per menses ita fuit custoditus :

Ipse vero, sicut comes et major omnibus erat, quinque mensibus faciebat, videlicet Martio et Aprili[1] et Junio et Julio et Augusto : primi duo menses facti erant de camera comitis et alii tres de gaitagio qui prisus erat in burgo Vindocini.

September faciebat Otradus pater Salomonis, de qua tenebat Septo et *Artins*[2]. October faciebat Herveus de Sancto Marcello, de qua tenebat Cathedras[3] et Rias[4] et Lulmas[5]. November faciebat Hubertus de Firmitate[6], de qua tenebat Ciconias[7] et ęcclesiam de Cuscheriaco[8] atque Culturam[9]. December faciebat Gislebertus Dives, de qua tenebat Montem Henricum[10] et Pustaconem[11] et Linerias[12]. Januarium faciebat vicecomes Hubertus, pro qua tenebat magnum beneficium in Corboneis[13]. Februarium faciebat Gundacrius[14], de

---

1. Il faut lire « Aprili et Maio », car nous verrons plus bas que le service du guet était fait en mars par un des vassaux du comte, Foucher.

2. Artins, Loir-et-Cher, arr. Vendôme, cant. de Montoire.

3. En marge du cartulaire « *La Chaise* », Loir-et-Cher, arr. et cant. de Vendôme, comm. Naveil.

4. En marge « Villoriars », *Villaria*, Loir-et-Cher, arr. et cant. Vendôme, comm. Naveil.

5. L'Orme ?, Loir-et-Cher, arr. Blois, cant. Ouzouer-le-Marché, comm. Moisy.

6. La Ferté. Il y a beaucoup de Fertés dans les départements d'Eure-et-Loir et de Loir-et-Cher ; ces places fortes, selon M. de Pétigny (*Histoire archéol. du Vendomois*, 132), furent établies dans la Beauce au IXe siècle pour isoler les Normands de la Loire des Normands des bords de la Manche. « Hubertus » a peut-être donné son nom à La Ferté-Hubert, alias la Ferté Saint-Cyr ou Saint-Aignan, Loir-et-Cher, arr. Romorantin, cant. Neung-sur-Beuvron.

7. Cigogne, Loir-et-Cher, arr. Vendôme, cant. Selommes, comm. La Chapelle-Enchérie.

8. Crucheray, Loir-et-Cher, arr. Vendôme, cant. Saint-Amand.

9. La Couture, Loir-et-Cher, arr. Vendôme, cant. Montoire.

10. Monthenry, Loir-et-Cher, comm. Pezou.

11. En marge « *Pezou* », Loir-et-Cher, arr. Vendôme, cant. Morée.

12. Lignières, Loir-et-Cher, arr. Vendôme, cant. Morée.

13. « Corboneis », La Corbonière, comm. Morée.

14. Lisez « Gundaricus » (Cartulaire de la Trinité de Vendôme, acte XC, souscriptions).

qua tenebat alodos de Sancto Amanno[1]. Martium faciebat Fulcherius, de qua tenebat ęcclesiam de *Noereit*[2] et ęcclesiam de Lanciaco[3]. Isti omnes cum comite ita custodiebant castellum quod in unaquaque nocte habebat intra Vetus Castrum V. gaitas : unam super portam subtus castellulum[4], alteram super portam juxta mansionem Salomonis, tertiam supra murum juxta mansionem Gisleberti, et alię duę tota nocte circuibant castellum.

Terra quam tenet Ingelbaldus Brito, de Breneriis et de burgo Vindocini qui fuit Guandelberti Nigri, nullam consuetudinem in illa terra capiebat nisi solum censum ; de Navolio[5] totam vicariam habebat comes. Terra quam tenet Gauterius filius Hamelini, Maiorolas[6] et burgium de Vindocino qui fuit Hilgaldi de Blesim[7] ; ibi comes omnem consuetudinem tenebat nisi solum censum. Terram de Musteriolo[8] quę fuit Odonis Rufini, recta comandisia[9] est comiti de foduro[10] et carregium[11]. Terra Salomonis de Lavarzino[12] quę est trans flumen Leti[13], omnem consuetudinem reddit comiti, nisi

---

1. Saint-Amand de Vendôme, arr. Vendôme, chef-lieu de cant.
2. En marge « *Nouray* », Nourray, Loir-et-Cher, arr. Vendôme, cant. Saint-Amand de Vendôme.
3. En marge « *Lancé* », Loir-et-Cher, arr. Vendôme, cant. Saint-Amand de Vendôme.
4. Un châtelet commandait la grande porte du château : la seconde entrée était sans doute une poterne.
5. Naveil, Loir-et-Cher, arr. et cant. Vendôme.
6. Marolles ?, Loir-et-Cher, arr. Blois, cant. d'Ouzouer-le-Marché, comm. Saint-Laurent-des-Bois.
7. Blois, Loir-et-Cher, chef-lieu de départ.
8. Montrieux, Loir-et-Cher, comm. Naveil. Odo Rufinus ou Eudes Rufin était châtelain de Marson (Maine-et-Loire, arr. et cant. Saumur). Il y avait été assiégé en juillet 987 par Geoffroy Grisegonelle, comte d'Anjou. « Obiit Gaufredus comes, pater Fulconis comitis XII kal. Aug. in obsidione Marsonis super *Odonem Rufinum* facta. » (André Duchesne, *Hist. Généalog. de la Maison de Montmorency*. Preuves, p. 8 : d'après les Arch. de Saint-Aubin d'Angers).
9. La commande était le cens payé pour obtenir la protection du seigneur.
10. Feurre, fourrages, paille.
11. Le charroi.
12. Lavardin, Loir-et-Cher, arr. Vendôme, cant. Montoire.
13. Le Loir.

solum censum quem tenet ipse supradictus Salomon. Terra Sancti Launomari de Campaniaco[1] IIIIor forsfacta reddit, videlicet bannum, ratum, incennium, latrocinium[2]. Totidem vero reddit burgium Hilgaldi Divitis de Vindocino. Terra de Solemis[3] omnem consuetudinem reddit, vicariam, comandisiam, prisionem de pane et carne[4] et omnem consuetudinem, sicut villa Vindocini. Terra de villa Jam Ardet[5] similiter omnem consuetudinem, vinagium[6], vicariam, prisionem, comandisiam. Et ex omnibus molendinis qui sunt a Solemis usque ad Arenas[7], omnem vicariam habebat comes, et similiter omnem vicariam de Navolio, et vicariam de Lendeis[8] pariter cum vinagio. Villam Francori[9] totam tenebat in dominico cum ęcclesia et censum vinearum et pratorum simul et vicariam. Ad Moncellum, omnem consuetudinem habebat, tensamentum[10], carregium, vicariam. Ad Vilerboson[11], vicariam, comandisiam. Ad Villam Laicum[12], similiter. Apud Checianum, unum comandum[13] et per omnem villam vicariam. Apud Listraicum, omnem vicariam cum uno comando. Apud Villam Spaiz, vicariam, comandisiam. Apud Villam Juniori, vicariam, comandisiam, pri-

---

1. Champigny-en-Beauce, Loir-et-Cher, arr. Blois, cant. Herbault.
2. Les quatre cas dits forfaits, infraction entraînant une amende, rapt, incendie et vol, étaient donc réservés à la justice du suzerain.
3. Selommes, Loir-et-Cher, arr. Vendôme
4. Droit en nature prélevé sur le pain et la viande.
5. Villejumarts (dans la carte 28 de l'atlas de Cassini) aux confins des comm. de Selommes et de Coulommiers, Loir-et-Cher, arr. Vendôme cant. Selommes.
6. Le vinage était un droit imposé sur les vignes, comme le cens sur les terres ; il était payé à bord de cuve, c'est-à-dire avant qu'on ne sorte le vin de la cuve.
7. Areines, Loir-et-Cher, arr. et cant. Vendôme.
8. Landes, Loir-et-Cher, arr. Blois, cant. Herbault.
9. Villefrancœur, Loir-et-Cher, arr. Blois, cant. Herbault.
10. Le tensement était un droit imposé tant sur les maisons que sur les héritages.
11. Villebouson, Loir-et-Cher, arr. Blois, cant. Herbault, comm. Villefrancœur.
12. Villée, Loir-et-Cher, arr. Blois, cant. Herbault, comm. Landes.
13. Le *Comandus* était la personne soumise au droit de commande.

sionem vini. Apud Chadaglodum[1], vicariam, comandisiam. Terra de Villa Gemmeir[2] recta comandisia est comitis. Ad Noeredum, habebat comes parcum, carrugam pariter cum orrea[3]. Silvamque de Castellano[4] totam in dominico tenebat atque omnes francos de Viveris, et comandisium desuper Bolium, ac de terra Sanctę Marię et de *Furtenc*[5] et de Monte Morin[6] et de Spiriaco et de Landas[7]. Montem vero Riulfum[8], suo vivente, in dominico tenuit. Et Villam Popam[9] sua comandisia erat et Vilers[10] similiter.

A ponte qui fuit apud Villam Moblam[11] usque ad Varenas[12], omnes combri[13] de ambabus ripis comitis Burchardi in dominico erat.

A Torinco[14] usque ad Fractam Vallem[15], habebat unam noctem in unoquoque anno ad capiendos pisces.

Preterea in suo tempore, nemo ausus erat infra banleuiam vinum[16] vendere quandiu comes suum vinum vendere faciebat, quo aut non emendasset aut vinum non perdidisset.

In tempore quo comes Burchardus vivebat, non erat

---

1. Chaillou, Loir-et-Cher, arr. Vendôme, cant. Selommes, comm. Périgny.
2. Ville-Jumert, comm. Lancé.
3. « Orrea » pour « horreo », grange.
4. Sans doute la forêt actuelle de Vendôme, au nord de Vendôme.
5. Fortan, Loir-et-Cher, arr. Vendôme, cant. Savigny-sur-Braye.
6 Montmarin, Loir-et-Cher, arr. Vendôme, cant. Mondoubleau, comm. Sargé.
7. Epuisay, Loir-et-Cher, arr. Vendôme, cant. Savigny-sur-Braye. — Landes, écart à l'ouest de Fortan.
8. Montrieux (le bas) ?, Loir-et-Cher, arr. Blois, cant. Saint-Aignan-sur-Chodé, comm. Noyers.
9. Villepoupain, Loir-et-Cher, arr. et cant. Vendôme, comm. Villiers.
10. Villiers, Loir-et-Cher, arr. et cant. Vendôme.
11. Localité aujourd'hui disparue.
12. Varennes, Loir-et-Cher, arr. Vendôme, comm. Marcilly-en-Beauce.
13. Les Combres ou Combes sont des bâtardeaux, des barrages ou engins fixés dans le lit des rivières pour retenir le poisson.
14. Thoré, Loir-et-Cher, arr. et cant. Vendôme.
15. Fréteval, Loir-et-Cher, arr. Vendôme, cant. Morée.
16. Le banvin était le droit pour le seigneur de vendre son vin à l'exclusion des habitants du lieu ; le privilège était ordinairement de quarante jours

pedagium neque minagium[1] non erat in villa nec in comitatu Vindocini, quia comes Fulco[2] illum misit. Et comandisiam de Cledeis[3] in dominico tenebat comes Burchardus.

Hanc cartam suprascriptam cum repperissemus, curavimus eam transcribere inter nostras, eo quod contineat quasdam consuetudines quas Gauffredus comes[4] dedit Sancte Trinitati quas etiam seorsum designavimus propter memoriam et recognitionem.

---

1. Le transport des marchandises était soumis au droit de péage, le transport du vin était soumis au droit de menage.

2. Foulque III Nerra, comte d'Anjou (987 — 22 mai 1040), devint comte de Vendôme en 1016 à la mort de Renaud, évêque de Paris et fils de Bouchard. Vendôme passa ensuite à la fille de Foulques Nerra et d'Elisabeth, à Adèle, puis à son fils Bouchard III. (*Cartul. de la Trinité de Vendôme*, acte XIII, f° 5 et Dom Housseau, *Collection*, II[1], 116).

3. « Cledeis », Cellé d'après Dom P. Piolin, *Histoire de l'église du Mans*, III, 9, note 2 ; Cellé (Loir-et-Cher, arr. Vendôme, cant. Savigny-sur-Braye). Cledeas a plutôt donné Cloyes (Cloyes-sur-le-Loir, Eure-et-Loir, arr. de Châteaudun).

4. Geoffroi Martel, comte d'Anjou (1040-14 nov. 1060), fils de Foulques Nerra et oncle de Bouchard III, acheta les droits de son neveu sur le comté de Vendôme (*Cartul. de la Trinité de Vendôme*, acte XIII, f° 5 et Dom Housseau, *Collection*, II[1], 116 : « De honore Vindocini quomodo venit in manum Goffredi comitis... »).

INDEX ALPHABÉTIQUE

DES

NOMS DE PERSONNES ET DE LIEUX

Abacarus. V. Abgar.
Abbeville, XVI.
Abgar V, roi d'Edesse, XXXI, 27, 28 n. 1.
Adam, vicomte de Melun, XXIV n. 6.
Adélaïde, femme d'Hugues Capet, XVII, 14, 18.
Adèle, fille de Foulques Nerra, VII n. 1.
Adémar de Monteil, XXXII.
Adieus, moine, XXIX, 8.
Aivreum. V. Evry.
Albert, fils d'Aymon, XI.
Aleman, veneur d'Aymon, XV.
Algardis mansus, 14.
Alran, fils de Baudoin, XXVI, 23.
Ancium, en Gâtinais, XV.
Angers, XII, XVII.
Anjou, VI.
Ansaud le Riche, XVIII, 11.
Ansoaldus. V. Ansaud.
Ardouin, XI n. 7.
Arnoul, archevêque de Reims, XIV.
Arnoul Ier le Vieux, comte de Flandre, 24 n. 7.
Arnoul II le Jeune, comte de Flandre, XI, 24, 25.
Arnoul, évêque d'Orléans, XII, XIV.
Arenae, Areines, Loir-et-Cher, 36.
Artins, Loir-et-Cher, IX, 34.
Ateias. V. Athis.
Athis, Seine-et-Oise, 24.
Aubry, archidiacre de Paris, XVII.
Avallon, XVII.
Aymon, comte de Corbeil, XI, XV, XVIII, 5, 6, 22.
Babolein (Saint), XXIII.
Bado, Balduinus. V. Baudoin.
Bagaudes (Camp des), XXII.
Ballancourt, Seine-et-Oise, XV.
Bas-Vendômois, X.
Baudoin, prévôt, XXVI, 23.
Beaugency (Seigneurs de), VII.
Beauvais, 16.
Belgique, VII.
Benoît, XI n. 7.
Benoît VII, pape, XII.
Benoît (Saint), 7, 10, 11.
Berthe, femme de Robert le Pieux, 14, 18.
Bolium, en Vendômois, 37.
Bolreit, en Gâtinais, XV.
Bouchard le Barbu, VII n. 1.
Bouchard de Montmorency, VII n. 1.
Bouchard Ier Chauve-Souris, comte de Vendôme, VII, VIII, X.
Bouchard II le Vénérable ou le Petit-Vieux, comte de Vendôme, de Corbeil, de Melun et de Paris, V-XXII, XXIV, XXV, XXVI, XXVIII, XXIX, XXX, XXXI, XXXII, XXXIII, XXXIV, XXXV, XXXVI, 1, 2, 5, 6, 8, 9, 12, 14, 17, 18, 19, 22, 23, 25, 26, 27, 28, 29, 30, 31, 32, 33, 38.
Bourchard. V. Bouchard II.
Bourges, VIII.
Bourgogne, XIV.
Braye, rivière, IX.
Breneriae, en Vendômois, 35.
Burchardus Ratapilata. Voyez Bouchard Ier.
Burchardus Venerabilis ou *Vetulus* V. Bouchard II.
Burgundiones, 23.
Burgunnaria, en Gâtinais, XXVI, 23.

Campaniacum. V. *Sanctus Launomarus de Campaniaco*.
Castellano (Silva de), 37.
Cathedrae, La Chaise, Loir-et-Cher, 34.
Chadaglodus, Chaillou, Loir-et-Cher, 37.
Champien, Somme, xvi.
Charles le Chauve, vii, 20.
Charles de Lorraine, xiv.
Chartrain (pays), vii, viii.
Chartre (La), Sarthe, x.
Châteaulandon, xvii, 15.
Checianum, en Vendômois, 36.
Ciconiae, Cigogne, Loir-et-Cher, 34.
Cledeae. V. Cloyes.
Cloyes, Loir-et-Cher, ix, 38.
Cluny, xv, xxv, 12, 13, 21.
Corbeil, xi, xv, xvii, xxxi, xxxii, 6, 14, 17, 23.
Corbeil (Comtes de). V. Aymon, Bouchard II, Guillaume, Mauger.
Corbeil (Vicomtes de), xi, xviii.
Cormaricense cœnobium, Cormery, 22.
Courceaux, Seine-et-Oise, xv, xxiv, 15, 32.
Courcouronnes, Seine-et-Oise, xv.
Cultura, La Couture, Loir-et-Cher, 34.
Curciacus. V. Courceaux.
Cuscheriacus, Crucheray, Loir-et-Cher, 34.

Eble de Turenne, xxx.
Edesse, xxxi.
Élisabeth, femme de Bouchard II, vii, n. 1, xi, xix, xxviii, 6, 14, 30, 32.
Élisabeth, fille de Bouchard II, vii n. 1, xii, xvii.
Ermenfroi, chevalier, xvii, xxv, 17, 19, 32.
Ermensendis, 17.
Eudes Ier et Eudes II, abbés de Saint-Maur, xxi, 13 n. 3, 23 n. 3.
Eudes Ier, comte de Blois, xii, xiii, xvi n. 2.
Eudes II, comte de Blois, xvi, xvii, xxxi, 18, 19, 20 n. 1.
Eudes de Saint-Maur, moine, v, xx-xxiv, xxvii, xxviii, xxix, xxx, xxxiii, 3, 12 n. 1, 13 n. 2, 30, 32.
Evry, Seine-et-Oise, 17, 32.

Firmitas. V. *Hubertus de Firmitate*.
Fleury-le-Petit, Marne, 20 n. 2.
Fontaines, en Orléanais, viii.
Fortan, Loir-et-Cher, ix, 37.
Fossatensis ecclesia, *Fossatenses monachi*, *Fossatus*. V. Saint-Maur-les-Fossés.
Foulques le Bon, comte d'Anjou, vi, vii.
Foulques Nerra, comte d'Anjou, vii n. 1, ix n. 3, xii, xvi, xvii, 35 n. 8, 38.
Foulques le Réchin, comte d'Anjou, vi.
Fracta Vallis. V. Fréteval.
Franci, 15, 19, 23.
Francon, chancelier, 18.
Francorum proceres, 5, 6.
Fréteval, Loir-et-Cher, ix, x, 37.
Fulcherius, 35.
Furtenc. V. Fortan.

Gallia, 9, 13.
Gâtinais, xviii, 15.
Gâtines, forêt, x.
Gauterius, fils d'*Hamelinus*, 35.
Gautier, vicomte de Melun, xvi, 19.
Gelo, 18.
Geoffroi Grisegonelle, comte d'Anjou, vii n. 1, xii, xiii, 35.
Geoffroi Martel, comte d'Anjou, 38.
Geoffroi, comte de Châteaulandon, xvii.
Gerberge, femme de Foulques le Bon, vi.
Gilliacus, en Blésois, xv.
Giraud, abbé de Saint-Maur, xxviii, xxix, 32.
Gislebertus Dives, 34, 35.
Glanfeuil, prieuré, xiv, xxi, xxii, 11.
Glannafolium. V. Glanfeuil.
Godefredus, abbé de Saint-Maur, 20.
Goscelinus. V. Josselin.
Grégoire-le-Grand (Saint), pape, xxxiii, 1, 2.
Guandelbertus Niger, 35.
Guillaume, comte de Corbeil, xxiv, xxv.
Gundacrius, 34.

Haimo. V. Aymon.
Hamelinus, 35.
Hardouin, xv.
Hedwige, duchesse de France, 6 n. 2.
Helisabeth. V. Élisabeth, femme de Bouchard II.
Henri Ier, roi de France, xxiii, xxv, 31.
Herbault, Loir-et-Cher, ix.
Herchembold, moine, 24 n. 7.

Herc, XVI.
Herlicourt, Pas-de-Calais, XVI, XX n. 2, 26.
Herveus de Sancto Marcello, 34.
Hildebert, abbé de Saint-Maur, 21 n. 3.
Hilduardus, préchantre de Saint-Maur, XXIII.
Hilgaldus de Blesim, 35.
Hilgaldus Dives, de Vendôme, 36.
Hrodulphus, VIII.
Hubertus de Firmitate, 34.
Hubertus, vicomte, 34.
Hugues Capet, V, VIII, X, XI, XII, XIII, XIV, XV, XVII, XXV, XXVII, XXVIII, XXIX, XXX, 5, 6, 7, 8, 9, 10, 11, 12, 13, 32.
Hugues, comte du Maine, X.
Hugues le Grand, duc de France, VIII, XXX, 5 n. 1.

Ingelbaldus Brito, 35.
Ingelger, comte d'Anjou, VIII.
Ingelgériens, VI.
Ingon, comte de Blois, VIII.
Isabelle. V. Élisabeth, femme de Bouchard II.
Isemberge, XI n. 7.
Israël, 26.

Jean XVIII, pape, 16 n. 2.
Jérusalem, XXXI.
Joinville-le-Pont, Seine, 10 n. 2.
Josselin, vicomte de Melun, XXV, XXVIII, 15.

Lancelin, seigneur de Beaugency, VIII.
Lanciacus, Lancé, Loir-et-Cher, 35.
Landas, 37.
Landry Soro, seigneur de Beaugency, VII, VIII.
Laon, XVII.
Larchant, en Gâtinais, XVIII n. 4.
Lavardin, VII, 22.
Lavarzinum. V. Lavardin.
Lendeis, Landes, Loir-et-Cher, 36.
Letum. V. Loir.
Levira, en Blésois, XV.
Licias. V. Lisses.
Linerias, Lignières, Loir-et-Cher, 34.
Lisses, Seine-et-Oise, XV, XVII, XXV, 14, 17, 23, 32.
Listraicum, en Vendômois, 36.
Loir, IX, X, 35.
Lothaire, roi de France, XII.
Lulmæ, L'Orme, Loir-et-Cher, 34.

Magenardus. V. Ménard.
Maiolus. V. Mayeul (Saint).
Maiorolas. V. Marolles.
Maisons-Alfort, Seine, XIV, 12, 32.
Maniacus, en Blésois, XV.
Mansiones. V. Maisons.
Margut-sur-Chiers, Ardennes, XII.
Marmoutiers, XV, 9 n. 2.
Marolles, Loir-et-Cher, IX, 35.
Marso, 35, n. 8.
Materna, *Matrona*, Marne, 10, 12, 14.
Mathilde, fille de Guillaume le Conquérant, XXX.
Mauger, gendre d'Aymon, XVIII.
Maur (Saint), XXIII, XXVIII, XXIX, 13 n. 3, 14, 20.
Mayeul (Saint,) abbé de Cluny, XIV, XV, XXIX, XXX, 9, 10, 11, 12, 13, 22.
Melun, XI, XVI, XXIX, 6, 15, 18, 19.
Melun (Comtes de). V. Bouchard II le Vénérable, Renaud, évêque de Paris.
Melun (Vicomtes de), XI, XVIII, XXIV, 15. V. Adam, Gautier, Josselin.
Membrolles, Loir-et-Cher, XI n. 7.
Ménard, abbé de Saint-Maur, XIV, XXIV, 7, 11.
Milsant, XV.
Moïse, 25.
Moisenay, Seine-et-Oise, XXIV.
Moncellum, en Vendômois, 35.
Monchaux, Somme, XVI.
Mondeville, Seine-et-Oise, XV, XX, n. 3.
Mons aureus. V. Montoire.
Mons Henrici, Monthenry, Loir-et-Cher, 34.
Montmarin, Loir-et-Cher, IX, 37.
Mons Morin. V. Montmarin.
Montoir, Loir-et-Cher, VII, IX, 22.
Montreuil-sur-Mer, XI.
Mons Riulfus, en Vendômois, 37.
Musteriolum, Montrieux, Loir-et-Cher, 35.

Nantonensis comitatus. V. Château-Landon.
Narollum, Naveil, Loir-et-Cher, 35, 36.
Neuilly-sur-Marne, Seine-et-Oise, XV, 14, 32.
Nobiliacus. V. Neuilly.

Noeredus, Noereit. V. Nourray.
Noisy-le-Sec, Seine-et-Oise, xv, xxv, 15.
Normands, viii, xxii, 20.
Nosiacus Siccus. V. Noisy-le-Sec.
Notre-Dame de Paris, xx.
Nourray, Loir-et-Cher, ix, 35, 37.
Novigentum, Nogent-sur-Marne, 21.

Odilon (Saint), abbé de Cluny, xv, xxviii.
Odo. V. Eudes II, comte de Blois, et Eudes de Saint-Maur.
Odon de Glanfeuil, xxiii.
Odo Rufinus, 35.
Orceiacus. V. Orsay.
Orland, vicomte de Vimeu, xi.
Orléans, xi, xxvii n. 3, xxxi.
Orsay, Seine-et-Oise, xvii, xxviii, 19.
Osmond le Danois, 5 n. 2.
Otradus, 34.
Otton, empereur, xii.

Paris, xv, xvi, xvii, 6, 11, 12, 14, 16.
Paris (Comte de). V. Bouchard II le Vénérable.
Paris (Vicomtes de), xii.
Parisis, xiii, xv, xxxi, 10, 12, 14.
Poncé, x.
Pustaco, Pezou, Loir-et-Cher, 34.
Puy (Le), xxxi, xxxii.

Quend, Somme, xvi.

Ragenaldus, Rainaldus. V. Renaud.
Raoul Glaber, xxviii, xxxii.
Reims, xiv, 21.
Renaud, évêque de Paris, xi, xiv, xvii, xviii, xix, xxiv, 2, 12, 14, 16 n. 1, 18, 20, 22, 23 n. 1, 32.
Rie, Villaria, Loir-et-Cher, 34.
Richard Ier, duc de Normandie, 5 n. 1.
Richard II, duc de Normandie, xvi, xxxii.
Richer, xxviii.
Riquier (Saint), xi.
Robert le Pieux, v, xiii, xvi, xvii, xxv, xxvi, xxvii, xxviii, xxx, xxxi, xxxii, 13, 15, 16, 17, 18, 24.
Roches (Les), x.
Roger, chancelier, 16.
Rome, xi, xii, 6.
Ruillé, x.

Saint-Barthélemy, à Paris, xv.
Saint-Basle, xiv.
Saint-Bertin, xi.
Saint-Denis, xi.
Saint-Germain d'Auxerre, 9 n. 2.
Saint-Guénaud, prieuré, xv, xx.
Saint-Honorat de Lérins, 9 n. 2.
Saint-Magloire, à Paris, xv.
Saint-Martin de Tours, viii.
Saint-Maur-les-Fossés, xiv, xv, xviii-xxxii, 1, 2, 3, 7, 8, 10, 14, 16, 17, 20, 23, 26, 29.
Saint-Maur-sur-Loire. V. Glanfeuil.
Saint-Ouen, chapelle, xv.
Saint-Père de Melun, xv, xxviii, xxix, 22.
Saint-Pierre-les-Fossés, xxiii. V. Saint-Maur-les-Fossés.
Saint-Spire, 24.
Saint-Valery, abbaye, xi, xii, xv, xix, xx, xxviii, 24.
Saintry, Seine-et-Oise, xxvi, 24.
Salomon de Lavarzino, 35, 36.
Salomon de Vindocino, 34.
Sancta Maria, 37.
Sanctae Mariae ecclesia. V. Saint-Maur-les-Fossés.
Sancti Petri et Sancti Pauli ecclesia. V. Saint-Maur-les-Fossés.
Sancti Stephani terra, 24.
Sanctus Amannus, Saint-Amand de Vendôme, Loir-et-Cher, 35.
Sanctus Exuperius. V. Saint Spire.
Sanctus Launomarus de Campaniaco, Saint-Lomer de Champigny, Loir-et-Cher, 36.
Sanctus Marcellus. V. *Herveus de Sancto Marcello.*
Sanctus Walaricus. V. Saint-Valery.
Sceaux, Seine-et-Marne, xv, 15, 32.
Séguin, archevêque de Sens, xv, 22.
Seia. V. Sceaux.
Senlis, xii.
Sens, xvii, 15.
Septo, en Vendômois, 34.
Sequana, la Seine, 12, 17.
Sesiacus. V. Soisy.
Sigefroy de Bellême, évêque du Mans, x.
Siguinus. V. Seguin.
Sintrium. V. Saintry.
Soisy-sur-Etiolles, Seine-et-Oise, xxvi, 24.
Selommes, Loir-et-Cher, ix, 36.
Solemis. V. Selommes.

Somme, XI, 25.
Souvigny, XV.
Spiriacus, Epuisay, Loir-et-Cher, 37.
Sucy-en-Brie, Seine-et-Oise, XX.
Summa. V. Somme.

Teodebaldus. V. Thibaut.
Teudulfus ou *Teulfus*, poète, XXI.
Teuton, abbé de Saint-Maur-les-Fossés, XXVIII, XXIX, 12, 13, 15, 17, 20, 21.
Thibault, abbé de Saint-Maur, XI, XVIII, XXIX, 21 n. 3, 22.
Thoré, Loir-et-Cher, X, 37.
Toliva, 23.
Toriacum. V. Thoré.
Tour de Londres (La), VII.
Tours, XV.
Trinité de Vendôme (La), VI, n. 2, IX, 33, 38.
Tryphine (Sainte), 28 n. 1.
Tuile (La), 20 n. 1.

Urson, vicomte de Melun, XXIV n. 6.

Valery (Saint), XI, XXX.
Varenae. V. Varennes.
Varennes, Loir-et-Cher, IX, 37.
Vendocinum. V. Vendôme.
Vendôme, VII, IX, 22, 32, 34, 35, 36, 37.
Vendôme (Château de), IX, 34, 35.
Vendôme (Comtes de), VI, VII, VIII, et V. Bouchard I et II.
Vendômois, VI, IX, X, XI, XVIII, 33, 37.
Vigneux, Seine-et-Oise, XXVI, 24.
Vilerboson, Loir-et-Cher, 36.
Vilers, Loir-et-Cher, 37.
Villa Francori. V. Villefrancœur.
Villa Gemmeir, Ville-Jumert, Loir-et-Cher, 37.
Villa Jam ardet. V. Ville-Jumart.
Villa Juniori, 36.
Villa Laicum, Villée, Loir-et-Cher, 36.
Villa Mobla. V. Villemeuble.
Villa Popa, Villepoupais, Loir-et-Cher, 37.
Villa Spais, en Vendômois, 36.
Villefrancœur, Loir-et-Cher, IX, 36.
Ville-Jumart, Loir-et-Cher, IX, 36.
Villemeuble, Loir-et-Cher, IX, 37.
Vimeu. V. Orland.
Vinion. V. Vigneux.
Viveris, en Vendômois, 37.

Walterius, moine, 20.
Wastinensis pagus. V. Gâtinais.

TABLE

INTRODUCTION. v
I. Bouchard le Vénérable. vi
II. Eudes de Saint-Maur. xx
III. La *Vita Burcardi*. xxiv
IV. Les manuscrits. xxxii
V. Les éditions. xxxv
PROLOGUS IN VITA DOMNI BURCARDI. 1
VITA DOMNI BURCARDI. 5
APPENDICE. COUTUMES DE VENDOME. 33
INDEX ALPHABÉTIQUE. 39

COLLECTION DE TEXTES

POUR SERVIR A

L'ÉTUDE ET A L'ENSEIGNEMENT DE L'HISTOIRE

PUBLIÉE SOUS LES AUSPICES DE LA SOCIÉTÉ HISTORIQUE

VOLUMES PUBLIÉS :

1. RAOUL GLABER, *Les cinq livres de ses Histoires* (900-1044), publiés par Maurice PROU. 3 fr. 50
   Pour les souscripteurs à la collection.. . . . . 2 fr. 50
2. GRÉGOIRE DE TOURS, *Histoire des Francs*, livres I-VI; texte du manuscrit de Corbie, publié par Henri OMONT. . . . . 7 fr. »
   Pour les souscripteurs à la collection. . . . . 5 fr. »
3. *Textes relatifs aux institutions privées et publiques aux époques mérovingienne et carolingienne*, publiés par M. THÉVENIN. 1re *partie*. Institutions privées. . . . . 6 fr. 50
   Pour les souscripteurs à la collection. . . . . 4 fr. 50
4. *Vie de Louis le Gros*, par Suger, *suivie de l'Histoire du roi Louis VII*, publiées par Auguste MOLINIER. . . . . 5 fr. 50
   Pour les souscripteurs à la collection. . . . . 4 fr. »
5. *Textes relatifs à l'histoire du Parlement depuis les origines jusqu'en 1314*, publiés par Ch. V. LANGLOIS, chargé de cours à la Faculté des lettres de Paris.. . . . . 6 fr. 50
   Pour les souscripteurs à la collection. . . . . 4 fr. 50
6. *Lettres de* GERBERT (983-997), publiées avec une introduction et des notes, par Julien HAVET. . . . . 8 fr. »
   Pour les souscripteurs à la collection . . . . 5 fr. 50
7. *Les Traités de la guerre de Cent-Ans*, publiés par M. E. COSNEAU, professeur au lycée Henri IV. . . . . 4 fr. 50
   Pour les souscripteurs à la collection. . . . . 3 fr. 25
8. *L'Ordonnance cabochienne*, publiée par A. COVILLE, chargé de cours à la Faculté des lettres de Lyon. . . . . 5 fr. »
   Pour les souscripteurs à la collection. . . . . 3 fr. 50
9. *De recuperatione Terre Sancte*, Traité de politique générale, par Pierre DUBOIS, avocat des causes ecclésiastiques au bailliage de Coutances sous Philippe le Bel, publié d'après le manuscrit du Vatican, par Ch. V. LANGLOIS, chargé de cours à la Faculté des Lettres de Paris.. . . . . 4 fr. »
   Pour les souscripteurs à la collection. . . . . 2 fr. 75
10. GALBERT DE BRUGES, *Histoire du meurtre du comte de Flandre, Charles le Bon*, 1127-1128, suivie de poésies contemporaines sur cet événement, publiées avec introduction et notes par H. PIRENNE, professeur à l'Université de Gand. . . . . 6 fr. »
   Pour les souscripteurs à la collection. . . . . 4 fr. 25
11. *Documents relatifs à l'administration financière en France, de Charles VII à François Ier*, publiés par M. JACQUETON, bibliothécaire de la bibliothèque d'Alger. 1 vol. 8°, XXXII-324 p. . . . . 8 fr. 50
   Pour les souscripteurs à la collection. . . . . 5 fr. 75
12. *Chartes des libertés anglaises* (1100-1305) publiées avec une introduction et des notes par Ch. BÉMONT, docteur ès lettres, archiviste paléographe, maître de conférences à l'École des Hautes Études. 1 vol. in-8°, LXXVI-132 p.. . . . . 4 fr. 50
   Pour les souscripteurs à la collection. . . . . 3 fr. 25
13. *Vie de Bouchard le Vénérable, comte de Vendôme, de Corbeil, de Melun et de Paris* (Xe et XIe siècles) par EUDES DE SAINT-MAUR, publiée avec introduction par Charles BOUREL DE LA RONCIÈRE, archiviste paléographe. 1 vol. in-8°, XXXVI-47 p.. . . . . 2 fr. 25
   Pour les souscripteurs à la collection.. . . . . 1 fr. 50

Chartres. — Imprimerie DURAND, rue Fulbert.

www.ingramcontent.com/pod-product-compliance
Ingram Content Group UK Ltd.
Pitfield, Milton Keynes, MK11 3LW, UK
UKHW021200220726
13924UKWH00003B/1230